Das Ei des »Boomerang«

Vor gerade zehn Jahren
brachte ich von einer meiner Reisen ein kleines blaues
Buch nach Deutschland, das seither Millionen Menschen bewegt.

Die Fünf »Tibeter«
von Peter Kelder haben jetzt, mit dem Ei des »Boomerang«,
schamanische Gesellschaft bekommen. Und würdige dazu, wie ich meine!
Meine jetzige Entdeckung hat wieder einmal, auf einzigartige Weise,
den Spirit *und die* Power, *dem Leben eine wundersame Wende zu geben.*
Es ist das fabelhafte Geschenk einer Schamanin – ein Stück echter, handfester
Huna-Lebenskunst aus dem Kulturschatz des alten Hawai'i.
Hawai'i und die unvergessene Kahana teilen es hier
mit uns, mit Ihnen – im Aloha Spirit.
Ich wünsche Ihnen Segen und Glück. Und ein ozeanisches Eintauchen
in all die Fülle, die Weisheit und die macht- und liebevolle Energie, die Kahanas
Aloha Yoga *mit seinen Geschichten und den darin enthaltenen Lektionen für Sie*
bereithält. Sie selbst bringen bereits alles mit, was einen Schamanen, eine Schamanin
auf die Reise ohne Grenzen schickt: Bereitschaft, Neugier und wache Fantasie!
Damit eröffnen Sie sich eine neue, ungeahnte Welt, jetzt.
Sie öffnen die Sieben Fenster…

Anahola, Kaua'i, im November 1999
Volker R. Karrer (Manulani)

Die Informationen in diesem Werk
werden den interessierten Leser/innen zur Unterhaltung,
als persönliches Bewusstseins- und Leseabenteuer, anvertraut.
Die Voraussetzung dafür ist – wie im «richtigen Leben» auch –:
Sie allein wählen und verantworten mit allen Konsequenzen, ob überhaupt, wie
und in welchem Umfang, Sie das Gelesene für sich ausprobieren oder umsetzen wollen.
Versprechen werden nicht gegeben. Ansprüche, gleich welcher Art, gegenüber Verlag,
Autoren, Herausgeber, Produzenten, Distributoren können aus dem Werk,
seinen Informationen, Ideen und/oder seinen Zusammenhängen
in keinem Fall begründet werden.
Reisen Sie gut – und leicht!

Barbara K. Goldsmith
und
Manulani

Das Ei des »Boomerang«

Die Sieben Fenster des Wünschens

*Die Reise mit der Schamanin Kahana
zur Weisheit des alten Hawai'i*

Illustrationen von
Silvia Christoph

Scherz

In Liebe und Dankbarkeit
denen gewidmet, die den Weg geebnet haben.
Unseren Lehrern

DEM LEBEN

•

SERGE KAHILI KING · KAHANA · GUNDL KUTSCHERA
stellvertretend für alle Lehrer, alle Liebenden, alle Heiler,
alle Friedensstifter und alle Kinder
dieser Welt

•

DER LICHTWEISHEIT DER INSELN
Polynesiens, besonders der hawaiianischen,
deren hoffnungsvolle Renaissance
jetzt den Menschen und
allen lebenden Wesen,
der Erde als Ganzes
zugute
kommt

Inhalt

«Hawaiianer sind
nicht durch ihr Blut bestimmt.
Hawaiianer sind all diejenigen, die
den Geist des ALOHA miteinander
teilen. In diesem Sinn müssen wir
alle Hawaiianer werden.»
NANA VEARY

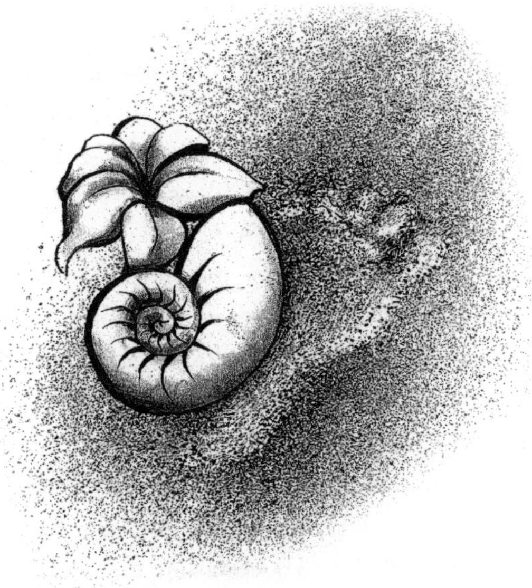

Gebet einer Schamanin

GROSSE GÖTTLICHE GEGENWART
Des Lebens, der Liebe, Weisheit und Kraft
Nimm meinen Dank an für dieses einzigartige Leben
Das Du *teilst* mit mir seit Anbeginn
Und mir aufs Neue schenkst mit jedem Tag
Für dieses starke, gesunde, lebendige, liebende
Vertrauende, freudig sich entfaltende, vollkommene Selbst
Mit Körper und Geist und Herz und Seele.
Ich danke jetzt
Für all die Segnungen und Geschenke, die in mein Leben fließen –
Für diesen Tag, für diesen Ort, für meinen «inneren Garten»
Für die Herausforderungen, das Lernen und das Weitergeben
Für das Teilen – und die Harmonie in der Begegnung mit allen Wesen,
Die in meinen Lebensstrom geführt werden
Für die Fülle und das *Willkommen* des Universums – wie außen, so in mir
Für die Menschen in meinem Leben, die Tiere und die Pflanzen
Die Erde und die Elemente, die Jahreszeiten, den Wechsel
Für Himmel und Monde und Sonnen und das Unbegreifliche.
Und ich danke
Für das Licht, das Bewusstsein, die Schönheit und das Staunen
Für alle Liebe, Gnade, Klarheit, Weisheit und – das Lachen
Für die Zeichen und für die Helfer in dieser wie in der geistigen Welt
Für die Situationen und Entwicklungen,
Die mich bewusst atmen, fühlen, fließen und wachsen lassen
Für das Reisen in Zeit und Raum, die Weite und das Ankommen
Für Freude und Glückseligkeit und den Ausdruck meines wahren Wesens
Für das Nicht-Urteilen, das Loslassen, die Leere und den Neubeginn.

Ich würdige in Dankbarkeit
AUMAKUA, die ihr vor mir kamt und meinen Weg geebnet habt
Mein Selbst in dreifaltiger Gestalt, euch: KU, LONO und KANE
Alles, womit ich jetzt verbunden bin – erkennbar oder verborgen
Alles in meiner Welt – was war, was ist und was sein wird.

Möge alles durch mich Mit-Erschaffene
Harmonische, liebe- und machtvolle Wirkung entfalten –
Zum Segen von allen und allem, wo auch immer – jederzeit.

Gott-in-allem, Gott-in-mir
ALOHA MAHALO

Alles ist möglich
Alles ist vorhanden
Alles kommt zurück
Alles wird geteilt
Hier und jetzt.
Ich segne das Jetzt
Ich vertraue
Ich erwarte das Beste.

'ĀMAMA .

Eine hawaiianische «Schule des Wünschens»

«Folgst du deiner Angst *oder deiner* Liebe?
Die Antwort wird von jetzt an dein Kompass sein.»

Es könnte doch sein, dass an dem Traum vom Paradies etwas dran ist. Mehr als ein Mythos auf Raten. Und *diesseits* von Traum- und Zeitreisen.

Die Rede ist hier nur am Rande von Manhattans Third Avenue und *Daly's*, der ehrwürdigen Mahagoni-Bar von einst. Sicher, Plätze wie dieser können einem Besucher selige Momente bescheren. Sogar Besinnung, Stille. Ich war seit Anfang der Sechziger nie wieder dort. Fassade und Name waren verändert. Nun, an diesem gesegneten Abend bot jene Bar die Bühne, auf der ich unversehens meiner verschollenen Freundin *Kahana* wiederbegegnete. In Gestalt von Barbara.

Bis vor ein paar Wochen hatte sie noch *Barbra* geheißen, Barbra wie Streisand. Wie es zu der Namensverschiebung kam, ist Teil ihrer höchst wundersamen Geschichte, die uns hier zusammenführte. Ein Abenteuer der Erneuerung, wie es sich die meisten nur erträumen. Doch davon später.

Glauben Sie an Zufälle? Ich sage: Es gibt keine. Es hat sie noch nie gegeben. Nicht in den letzten einundsechzig Jahren. An keinem Ort auf diesem Planeten, den ich in dieser Zeit betreten habe. Und schon gar nicht an diesem denkwürdigen Ort. Wieso war ich gerade hierher zurückgekehrt?

Auf meinem Heimweg nach Hawai'i hatte ich dieses Mal drei Tage Zwischenstopp in New York eingelegt. Von hier aus konnte ich den Abstecher zur anstehenden Prophets Conference in der Karibik machen und dabei Tulum und andere Maya-Heiligtümer besuchen. Gelegenheit auch, Hank

Wesselman, Ilona Selke, Bob Frissell und dem *Merkaba spirit*, Hyemeyohsts und Swan Storm und Hunbatz Men zu begegnen, dem *Maya Elder*. Und Serge King dort wiederzusehen. Im Hotel fiel mir die alte *Bremen* wieder ein, mein erstes Ankommen in New York 1963. Das hatte ich mit Freunden bei Daly's gefeiert ...

Barbara war gerade vom La Guardia Airport gekommen. Sie hatte ihr Gepäck neben der Tür verstaut, die zu dem kleinen, vertrauten Nebenzimmer führte. RESERVED – LADIES AND COUPLES ONLY verkündete ein vergilbtes Schild und stellte klar, dass alleinreisende Männer dort nichts zu suchen hatten. Als alleinreisende Frau gehörte Barbara der Minderheit in diesem Lokal an, für die der Raum reserviert war. Doch sie zog einen Stehplatz an der polierten langen Theke in der Bar vor. Drei Plätze von mir entfernt.

Als Nächstes erinnere ich mich daran, dass sie herübersah. Ich fing ihren Blick auf. Und dann lief der Film ab. Langsam, wie in Trance, ergriff sie ihr Glas mit dem Minz-Cocktail, löste sich von ihrem Platz und bewegte sich in einem weiten Bogen auf mich zu. Sie sah mich, während sie näher kam, die ganze Zeit mit großen Augen an.

Ein Déjà-vu! Jetzt erkannte ich ihren *Blick* wieder, diesen weiten, weichen Blick, der mehr sieht als das, worauf das Auge gerichtet ist. Und Barbaras Augen waren auf meinen Hemdausschnitt gerichtet. Genau auf die Stelle, an der, leicht erkennbar, der Auslöser für ihre gerade ablaufende innere Reise seinen Platz hatte. Ich richtete mich auf. Noch ein Schritt. Sie stand jetzt eine Armlänge entfernt vor mir. «*Kahana!*», riefen wir beide, fast gleichzeitig. Und genau hier beginnt die Geschichte, von der dieses Buch berichten wird.

Barbara hatte den *Lei Palaoa* erkannt, den ich um den Hals trug. Den gleichen, an ein Amulett erinnernden Schmuck hatte auch Kahana getragen, die wandernde Schamanin, die «unbekannt verzogen» war, nachdem sie mit ihrem Licht Barbaras Welt dauerhaft erleuchtet hatte – wie früher schon die meine.

Der *Palaoa* ist ein Symbol für Integrität der geistigen Haltung, des Handelns und ganz besonders des Wortes. Daher seine Form, eine hochgerollte Zunge, die an die Rückkehr des »Boomerangs« erinnert. Im alten Hawai'i zierte er *Ali'i*, Häuptlinge. Heute wählen ihn gelegentlich Menschen mit einer elementaren Verbindung zu Hawai'i, die besonders durch Worte wirken: Sänger, Redner, Lehrer, Autoren und eben – Schamanen. Er erinnert sie daran, dass vor allem Worte sich wie »Boomerangs« verhalten: Egal, worauf sie gerichtet sind, sie kehren *mit Macht* an ihren Ausgangsort zurück. *Alles* kehrt an seinen Ausgangsort zurück. Später oder früher. Wir hatten also beide, jeder im anderen, die gemeinsame Freundin und Lehrerin wiedergefunden. Ich wollte hören, was sich ereignet hatte.

Barbara hatte sie vor einigen Monaten durch einen Freund kennengelernt: Kahana, die Schamanin aus Kaua'i, die zu jener Zeit in New York weilte. Durch sie erfuhr Barbara ein *Hawai'ian style* Training als «Stadtschamanin». Auf der Basis von *Huna* (die sieben Prinzipien; die vier schamanischen Welten; *Shapeshifting*, Heilen durch Lenkung/Veränderung von Energie) und Kahanas *Aloha Yoga*. Das Geheimnis erfüllter Träume wartete auf sie.

Ei oder Henne? Es gab für Barbara einiges zu klären. Die ewige Lust-und-Frust-Routine etwa und die geistigen Werte, die sie bestimmten. Das *Life Shifting*, die Umschichtung ihrer Lebensinteressen, war Teil der Erneuerung, wurde ihr zur Einweihung. Nicht so verwunderlich bei der Bedeutung des Namens «Kahana»: *Point of Return*, Wendepunkt. Zurück zum Wesentlichen.

Die Lektionen näherten sich ihrem Ende. Barbara wollte ihrer Lehrerin die Früchte des Erarbeiteten präsentieren – eine Art selbstgewählte Abschlussprüfung. Doch Kahana war nirgends zu finden. Eine Erfahrung, die ich mit Barbara teilte. Nur, für sie war sie noch frisch wie der Tau vom Morgen auf den Gräsern im Central Park. Und – irgendwie fühlte es sich diesmal anders an.

Wer war diese nicht fassbare Besucherin aus einer anderen Welt, die sich, wie ein Traum, einfach aufzulösen schien? «Du kennst sie ja wohl schon etwas länger», vermutete Barbara, «erzähl mir von ihr.» Wir zogen um, ins Nebenzimmer. Barbaras Gesellschaft öffnete mir nun die Tür.

«Meine siebenmonatige Lehrzeit bei Kahana fand hauptsächlich auf Kaua'i statt», suchte ich nach einem Anfang. «Dort hat sie sich eines schönen Tages stillschweigend verabschiedet, *physisch* jedenfalls. Davor hatte ich mich mit ihr noch zweimal auf Big Island getroffen. Die wachsamen Augen *Peles*, der hawaiianischen Feuergöttin, waren allgegenwärtig. Selbst in der nachtschwarzen Finsternis eines Lavatunnels, der uns beide wie eine Gebärmutter in sich aufnahm. Kurz danach war sie verschwunden, wie zuletzt bei dir ... Seit damals finde ich überall auf meinen Wegen Kahanas Spuren.» Immer weitere Bilder tauchten auf und wollten sich zu dem Gemälde eines Schamaninnenlebens zusammenfügen. Würde dieses Bild je vollständig sein? Egal, hier und jetzt hatten wir alle Zeit der Welt, um mit den lichten und kraftvoll leuchtenden Farben, die uns zur Verfügung standen, daran weiter zu malen. Barbara und ich – und mit uns *Kahanas spirit*!

Was ich über sie weiß, habe ich aus verschiedenen Quellen zusammengetragen; sie selbst war da nicht sehr mitteilsam. Sie war früh schwanger geworden, hatte geheiratet, Architektur studiert, dann noch ein zweites Kind bekommen. Sechzehn Jahre später ließ sie eine Ehe hinter sich, in der sich die Partner in unterschiedlichen Richtungen entwickelt hatten. Eine Zeit der Wanderschaft und eine Reihe unterschiedlicher Initiationen begann. Sie lernte, sich selbst zu heilen. Das allein begründete schon ihr Potential, zur Heilung anderer, der Gesellschaft, des Planeten aktiv beizutragen: *Vision vom*

Paradies, jetzt! Jetzt kam auch der Name *Kahana* zu ihr. Sie fand ihren Lebens-Dreiklang im *Lernen-Leben-Weitergeben.* Sie fand ihr Thema in der Wiederherstellung des harmonischen Spiels zwischen «Liebe» (*Aloha*) und «Macht» (*Mana* – die Fähigkeit, allein aus der inneren Kraft heraus zu *wirken*), den so nachhaltig missverstandenen «Energiezwillingen». Kahana fand in der Welt ihr Zuhause. Ihre Heimat blieb Hawai'i.

Auf dem Pacific Rim, dem Inselkontinent Polynesiens, und gerade auf Hawai'i leben tiefes Wissen und Geheimnisse des versunkenen Kontinents *Mu* in Legenden und mündlich überlieferten Geschichten weiter. Und für jene, die sich darauf einlassen, über alle Maßen greifbar. Aus diesem Urquell schöpft auch Kahana. «Und von da aus entwickelt sie, webt und wirkt sie, was sie schließlich weitergibt. Ich verstehe sie», warf Barbara hier ein, «als eine multikulturelle Künstlerin unserer Zeit und unseres Planeten, eine Mittlerin zwischen dem Himmlischen und dem Irdischen. Und aus dem Material der *gelebten Weisheit* der Kulturen, ihrer eigenen und der der ganzen Welt, erschafft sie das Gesamtkunstwerk – zusammen mit uns! Wir nehmen es in uns auf, beziehen uns darauf und werden so zu Mit-Wirkenden. Auch dann, wenn sie selbst schon lange in anderen Welten weilt …»

Geboren ist sie wohl im Sternbild des Kometen, und Inselbewohner sind ihre Vorfahren – teils von Hawai'i, teils von den Britischen Inseln. Zu welchen Anteilen ist ebenso unbekannt wie unwichtig – und somit typisch hawaiianisch. Kahana ist jedenfalls eine Seelenschwester – und offenbar auch zeitweilige Schülerin – des Schamanen *Serge Kahili King*, der selbst auf Kaua'i, der alten «Garteninsel» Hawai'is, beheimatet ist (und dennoch in der Welt, auch der des Internet, zu Hause) und von dort aus wirkt. Ihm wird der Satz zugeschrieben: «Wenn's funktioniert, ist es *Huna*, wenn nicht – wähl einen anderen Weg …» Das ist so salopp wie selbstbewusst, und es beschreibt knapp *Pono*, das siebte «Prinzip» (Kahana verwendet hier den Begriff «Fenster») angewandter Lebenskunst hawaiianischer Schamanen.

Bei einer der sonntäglichen *Talk Stories* von Serge – der schon vor Kahana mein Lehrer wurde –, traf ich die Schamanin das erste Mal. Ob sie und Serge

King sich vielleicht noch bei anderen Gelegenheiten persönlich begegnet sind, weiß ich nicht. Auffällig sind indes einige markante Gemeinsamkeiten: der stets neugierige Forschergeist, Humor, die Lust an Metaphern, am Geschichtenerzählen, ein evolutionärer Spieltrieb, starke persönliche Ausstrahlung und das Teilen, Mitteilen im *Aloha Spirit* – um den Menschen, die dies finden wollen, den Weg zu ihrer eigenen Liebeskraft, ihrer *Aloha Power*, zu ebnen. Ein Lehr-/Lernabenteuer – leicht und wahrhaft intensiv.

Darüber hinaus entwickelte Kahana ihren eigenen, weiblichen Stil. Dabei spielen alle Arten von *Tools*, also «Werkzeuge» oder Instrumente (fürs Navigieren, also das Bestimmen und Halten des Kurses auf der Reise zum gewählten Ziel), eine natürliche Rolle, wie auch die von ihr neu entdeckte Symbolik des »Boomerang«, der erweiterten «Aura». Vor allem aber ihre «Reise ins Herz der Wünsche». Alles dient dem Heilen – von *Lebensumständen.*

«Schade», meinte Barbara, «ich würde manchmal gern etwas darüber nachlesen. Aber es gibt kein einziges Buch von ihr.»

Während ihrer Wanderjahre sah sie alle Kontinente. Und so weit sie auch reiste, immer fand sie sich und die Lichtqualität der *Weisheit der Inseln* wieder in den Systemen, Ritualen und Philosophien des Ostens wie des Westens. War dies nicht die Einheit in der Vielfalt, nach der wir Menschen streben? Und hielt nicht wiederum die Vielfalt für jeden Menschen die Chance bereit, genau dort zu beginnen, wo er sich selbst gerade *am richtigen Platz* erleben konnte?

Kahana lernte und ließ sich inspirieren. Sie integrierte die Vielfalt, die Unterschiede, selbst vermeintliche Gegensätze der Wege mit Liebe und kreativer Energie: Die *Medizinrad*-Lehren der Maya. Das Tao, wie Meister *Deng Ming-Dao* es zugänglich macht. Die *Four Agreements* der Tolteken, nach dem Arzt und Schamanen *Don Miguel Ruiz*. Die *Ayahuasca-Reisen* der Shuar in Ecuador. Den *Sun Dance* der Lakota. Das *Resonanz*-Teaching von *Gundl Kutschera* (in der sie die Schamanenschwester erkannte) in Österreich. Das In-die-Welt-Begleiten jener wunderbaren, nicht namentlich bekannten Hebamme im Süden Pakistans …

Dazwischen gab sie Seminare – wenn sie gefragt wurde. Und sie wurde immer öfter gefragt. Sie gab auch Einzel-Teachings – wenn wieder jemand, wie Barbara oder ich, den Weg zu ihr fand. Die, mit denen sie ihre Huna-Schätze, ihr *Aloha Yoga* teilte – Menschen jeglicher Herkunft, junge und solche in ihrer Lebensmitte und manche, die selbst schon eine lange Strecke gegangen waren – würden von nun an dem eigenen Kurs folgen. Kahana teilte auch ihre *Power Tools* für die Orientierung und weitere Kursbestimmung mit ihnen.

«Nainoa» ist das hawaiianische Wort für Navigator. Im alten Hawai'i waren es spezialisierte Schamanen, die als Navigatoren die mächtigen Auslegerboote mit den typischen, nach oben breiter werdenden Segeln sicher zu fernen Zielen leiteten. Nur mit ihren *inneren* Instrumenten. Erst in jüngster Zeit wurde dieses großartige Können der Polynesier wiedergewonnen. Mit dem *Vaka-Taumaka*-Projekt etwa oder den Fahrten der *Hokule'a*. Ich konnte auf Kaua'i solche Schiffe bestaunen, die jetzt wieder nach alter Art, ausschließlich mit Holz und Tauen aus Naturfasern, gemeinschaftlich gebaut werden. Der Hawaiianer Nainoa Thompson und seine Landsleute, die die ersten dieser Boote zusammenfügten, kühne Männer und Frauen mit einer *Vision*, segelten damit – vor ein paar Jahren erst – aufs Neue Tausende von Meilen über die Weiten des Pazifiks. Kahana benutzte gern das kraftvolle Bild: Für sie war jede Schülerin und jeder Schüler potenziell «Nainoa», der Navigator-Schamane seines eigenen Lebens.

Und Kahana zog weiter auf ihrer Bahn. Nie würde das Lernen ein Ende haben. Eine Zeitlang zählte sie ihre Lehrmeister noch. Dann überließ sie sich dem großen Strom und wurde schließlich ein Teil des Ozeans, der nicht mehr fragt, welche Regengüsse und Flüsse ihn speisen. Sie wiederum teilte, gab weiter aus ihrer ozeanischen Fülle an andere.

«Ja, in diesem Ozean habe ich gebadet», sinnierte Barbara verträumt. «Und selbst während wir hier von ihr sprechen, habe ich dieses Gefühl von Geborgenheit und zugleich Grenzenlosigkeit. So, als würde ich auf einen offenen Horizont zuschwimmen ...»

Nach Aufenthalten in Findhorn und bei verschiedenen Permakultur-Projekten wirkte sie in einer Kooperative in Arizona. Mehrere Jahre konzentrierte sie sich auf die Heilung von Umwelt und Gesellschaft. Sie nannte es *Planetary Caring*. Für sie gehörte dieser Aspekt der schamanischen Arbeit zu den großen *gefühlten Bedürfnissen*. Sie wollte das Beste aus allen Welten darauf verwenden, die bewohnte Welt in einen nährenden, wunderschönen und, soweit möglich, selbsterhaltenden Garten zu verwandeln. Auf meinen eigenen Reisen komme ich manchmal an Orte, wo ich diese Energie stark spüre. «Kahana war hier», denke ich dann, «das Paradies gedeiht!»

Ja, wie Barbara hatte auch ich schon daran gedacht, wie bereichernd es für viele sein könnte, auf Kahanas Huna-Lektionen zugreifen zu können, unabhängig von der physischen Anwesenheit dieser ungewöhnlichen Lehrerin. Sie selbst hat sich nie darum gekümmert, ihre Geschichten und *teachings* des *Aloha Yoga* aufzuschreiben – vom *Ei des »Boomerang«*, vom «Herz der Wünsche», Nainoa's *Power Tools* und all den Schätzen, die sie beim Wandern gefunden und integriert hatte: draußen in der Welt und in sich selbst, in ihrem eigenen Zellgedächtnis. Wenn es sein sollte, würde es auch geschehen.

«Was hältst du davon…», fragte ich Barbara, einem Impuls folgend. «Schreib das auf, was *du* mit ihr erlebt hast und was es mit dir gemacht hat. Kahana hat ihre Schüler stets ermutigt, sich nach Schamanenart an das zu halten, *was jetzt gerade verfügbar ist*.» Und verfügbar war gerade jetzt die noch heiße, gefühlte Erinnerung Barbaras an das Himmelsgeschenk ihrer Lehrzeit mit Kahana in New York. «Nach allem, was du mir von ihr erzählt hast», überlegte sie laut, «scheint meine Lernerfahrung tatsächlich in mancherlei Hinsicht exemplarisch zu sein. Nur ist Schreiben leider nicht mein Metier.

Außerdem …» Sie sprach nicht weiter. Auf meinem Gesicht war die Antwort der *sieben Fenster* zu lesen: «IKE KALA MAKIA MANAWA ALOHA MANA PONO. Alles klar?»

Es machte Sinn. Auch für Barbara. Mein Anstoß fügte sich mühelos in eine ganze Reihe ermutigender Rückmeldungen und Anfragen, die sie im Glanz ihrer neu erworbenen Kompetenz jüngst bekommen hatte. Dennoch, sie würde es erst einmal überschlafen, meinte sie zum Ende des Abends, als wir uns, voneinander – und von Kahana – angeregt, verabschiedeten.

Auch ich habe diese Angewohnheit, mir eine gesunde Distanz zu schaffen. Besonders, wenn meine Begeisterung über eine neue Perspektive mich zu überwältigen droht. Aber es war bereits passiert. «Du hast mein *Ku* sehr beeindruckt», las ich am nächsten Nachmittag in meiner E-Mail, «als du mich fragtest, ob ich *Das Wunder von New York – oder: Mein Lebens-Wandel mit einer hawaiianischen Schamanin* niederschreiben würde. Ich will. Ich habe gleich heute nacht begonnen …»

Das ist die Vorgeschichte und gleichzeitig die Geschichte der Entstehung dieses außergewöhnlichen Buchs. Es beschreibt ein Seelenabenteuer, wie auch Sie es erleben können – Bereitschaft, Neugier und wache Fantasie vorausgesetzt. Es beruht auf persönlichen Begegnungen und Erfahrungen, die Barbara und ich machen durften – Geschenke, die uns zuteil wurden, und die wir jetzt weitergeben.

Es bleibt im Verborgenen, wohin die Passatwinde unsere gemeinsame Freundin trugen. Schamanen sind schließlich *Trickster*, sie lieben es, unberechenbar zu bleiben, Energie und Form zu verändern. *Shapeshifting*. Mir jedenfalls wird immer sonderbar leicht ums Herz, wenn ich zum Nachthimmel hochschaue und – einen Kometen leuchten sehe.

Aloha, Mahalo! A hui hou, Kahana – bis … , wann, wo auch immer!

Ihre eigene Reise, verehrte Leserin, verehrter Leser, hat schon längst begonnen. Barbaras Bericht führt Sie von hier aus weiter in das Geheimnis erfüllter Träume, ins Herz Ihrer Wünsche. *Aloha* und willkommen!

MANULANI

Go West – «Central Park West …»

Worauf wartest du noch? Dein innerer Schamane, deine innere Schamanin wollen wachgeküsst *werden.*

WIE ÜBLICH WAR nur das leise Schwirren wahrzunehmen. Ich hatte gelernt, ihnen auszuweichen, ohne zu fragen, woher sie kamen. Mein Instinkt war gut in Form. Es wirkte jetzt mühelos, eine tänzerische Disziplin im Großstadtalltag. Das Jahresabo im Fitnessclub war eine gute Investition.

Nichts sagte mir, dass dies für mich nicht der ganz normale Arbeitstag mit Überstunden werden sollte, ohne den mein Leben undenkbar schien. Vielleicht doch. Am frühen Morgen schon hatte die Sonne das Cityvolk auf die Straße gelockt – und an die ersten Bistro-Tische unter freiem Himmel in diesem Jahr. Ein besonderer Zauber erfüllte die kühle, noch klare Luft: ein Vorbote des nahen Frühlings. Ich war, wie so oft, in Eile, auf dem Weg von einem Geschäftstermin in mein Büro. Für die Mittagspause blieb mir eine knappe halbe Stunde. Ich suchte mir beim Deli an der Ecke ein mit reichlich Grün garniertes Sandwich aus und wollte die Zeit noch nutzen, um einen Blick auf die am Nachmittag auf mich wartenden Aufgaben zu werfen.

Mit meinem Lunchpaket in der einen und dem Aktenkoffer in der anderen Hand hielt ich Ausschau nach einer passenden Sitzgelegenheit. Auf dem Streifen vor dem Hochhaus, in dem sich mein Büro befindet, gab es einige Bänke, auf denen um diese Zeit mit etwas Glück ein Platz zu finden war.

Ich setzte mich neben einen Mann mittleren Alters, der mit geschlossenen Augen und sichtlich entspannt die Sonnenstrahlen genoss. Ein wohltuender Anblick, wie er da saß, bewegungslos im Zentrum des Strudels dieser Stadt. Ich wandte mich meinem Sandwich zu und fing an, die Eintragungen in meinem Timer durchzusehen.

«Keine Zeit für alte Freunde?», hörte ich plötzlich eine Stimme neben mir, «oder kennt mich Barbra nicht mehr?» Überrascht schaute ich auf. Mein Banknachbar sah mich geradewegs an. Die Sonne war jetzt hinter dem Hochhaus verschwunden, doch in seinen Augen spiegelte sich noch ihre Helligkeit. Ich rieb mir die Augen.

Es war David, ein Freund aus wilden Studententagen, den ich seit vielen Jahren aus den Augen verloren hatte. Nein, ich hatte ihn so nicht erkannt. Er war es, mit der unverwechselbaren Energie von damals, nur – sie schien jetzt irgendwie weiter, ausgedehnter. Da war jetzt noch diese beunruhigend schöne Schwingung, die ich wahrnahm und doch nicht ganz begriff – die Ahnung eines wundersam aus der Fülle gespeisten Lebens.

Gehe langsam, atme und lächle.
THICH NHAT HANH

David aus den Augen zu verlieren, war nicht schwer gewesen, wie sich aus unserem folgenden kurzen

Gespräch ergab. Er war erst vor ein paar Tagen wieder nach New York gekommen, nach einer Reihe von «Wanderjahren». Schade, dass die Zeit drängte. Es fühlte sich nach mehr an. Mehr jedenfalls, als in meine Mittagspause passte. Wir verabredeten uns für den Abend.

Unsere Zufallsbegegnung heute war jene andere Art von »Boomerang«, die ich so recht mit Vergnügen auffing. Nur, *diesen* musste ich selbst geworfen haben. Aber wann? Und mit welchem Ziel? Nach Feierabend nahm ich die Subway zum Washington Square. Von da waren es nur fünf Minuten bis zum Italiener, bei dem wir uns verabredet hatten.

Ich sah ihn bereits von der gegenüberliegenden Straßenseite am Fenster des kleinen Restaurants sitzen. David war schon immer eine attraktive Erscheinung. Die Veränderung ließ ihn reifer wirken, zugleich hatte er sich etwas schelmenhaft Jugendliches erhalten. Er begrüßte mich mit einem warmen Lachen. «Schön, dich wiederzutreffen nach all der Zeit», sagte er, «du und diese City, das macht zusammen fast ein Stück Heimat. Das genieße ich – ein schöner Augenblick!»

Es tat gut, wieder seine Gegenwart zu teilen. Auf sonderbare Weise begann seine Ausstrahlung auf mich energetisierend zu wirken. Obwohl ich einen jener randvoll gepackten Arbeitstage hinter mir hatte, fühlte ich mich nach kurzer Zeit mit meinem alten Freund wieder lebendig und erfrischt.

Nun, David hatte vor ein paar Jahren mal richtig Abstand von einem zermürbenden Businessalltag ge-

sucht und war «für ein paar Wochen» nach Indien geflogen. Dort begann seine Reise wirklich. Er traf Gurus und falsche Gurus und lernte zu unterscheiden. Er war in Ashrams und lernte, einfach zu leben. In Nepal und Tibet begegnete er dem Buddhismus in seinen dort praktizierten Formen. Irgend jemand erzählte ihm eines Abends in einer Herberge in Kathmandu von den *Dogon* und ihrer sinngebenden Kosmologie. David flog spontan nach Afrika. In Mali traf er *Adama Drabo* und bekam Gelegenheit, ihn auf das Felsplateau von Bandiangara und in die Geschichte der Dogon zu begleiten – während der Dreharbeiten zu Drabos zweitem Spielfilm *Taafe Fanga – Machtsymbol «Lendenschurz»*. Bei Medizinmännern und weisen Frauen bekam er weitere Einblicke in magische Welten. Eine Kette von Stationen in Europa, Australien, Südamerika folgte in den nächsten zwei Jahren. Eher unerwartet gelangte er schließlich nach Hawai'i.

«'Āmama», rief er aus, «das war es!» Sein Gesicht wurde lebhafter. «Dort habe ich die Geheimnisse ergründet, hinter denen ich die ganze Zeit her war, oft ohne zu wissen, wonach ich eigentlich suchte. Die hawaiianischen Meisterschamanen oder *Kahuna Kupua* haben ihre vielfältigen Künste äußerst *praktisch* entwickelt. Ihr komplexes Erfahrungswissen lässt sich auf sieben einfache Beobachtungen zurückführen – und die kann jeder Mensch für sich überprüfen und umsetzen, überall auf der Erde. Es ist, als würden sich für dich *sieben Fenster* öffnen und dir einen tief vertrauten und zugleich atemberaubend neuen, kühnen Blick auf die Welt freigeben.

Jahrhunderte bevor Captain Cook das ‹Inselparadies› entdeckte, riefen *Kahuna-Spezialisten* Regen herbei, lenkten Fischschwärme in die Netze, heilten mit Hilfe von Kräutern, Massagen und gelenkten Energien, leiteten Zeremonien, bauten fantastische, schnelle Surfbretter und hochseetüchtige Auslegerboote oder fanden als Navigatoren ohne Instrumente tausende Meilen entfernte Reiseziele … Aber lass mich zurückkommen auf das Fazit meiner eigenen Reise!

Weißt du, Barbra, unterwegs, an jedem Ort der Welt habe ich Neues, für mich Wesentliches gefunden. Ich möchte keine meiner Begegnungen und Entdeckungen, keine einzige Erfahrung missen. Immer wieder dachte ich: ‹Das ist der Gipfel des Wissens, der Weisheit – der Goldene Schlüssel zum Großen Mysterium.› Seit Hawai'i weiß ich, dass das, was wir auf unserer Lebensreise suchen, nicht nur an *einer* Schule gelehrt wird und selten an der, nach der wir gerade suchen. Natürlich finden wir alle möglichen und unmöglichen Gelegenheiten und Orte, wo wir dazulernen – vielleicht sind sie es ja, die *uns* finden? –, und immer sind es genau die ‹Schulen› und ‹Lehrstellen›, für die wir an diesem Punkt, in diesem Lebensabschnitt gerade bereit sind. Was wäre, wenn wir uns gestatten, dass Lernen *leicht* fallen und dazu noch Spaß machen darf? Es darf, tatsächlich!

Die lange Zeit im Verborgenen gehaltene *Lichtweisheit der Inseln* – Polynesien mit den Inseln Hawai'is – wurde in jüngster Zeit für Interessierte zugänglich gemacht: durch Bücher, Seminare in Hawai'i und vielerorts in Amerika und sogar Europa. Auch durch Musik und durch *Hula Kahiko*, den alten Ritualtanz, der seine Botschaften als Geschichte erzählt. Lehrer-Schamanen wie *Serge Kahili King* haben in Hawai'i zahlreiche Trainer, Berater und Therapeuten aus aller Welt darin ausgebildet, *Lebensumstände* zu heilen und gleichermaßen Umwelt und Gesellschaft, das Leben auf dieser Erde. Du hast den Namen *Huna* oder *HuNa* schon gehört – so wird diese lebensbejahende Arbeit meist genannt. Sie ist inzwischen schon recht populär geworden. Übrigens oft in Verbindung mit *Lomi Lomi,* der ‹Hawai'ian Healing Massage›, die dir die Weisheit des Körpers Schritt für Schritt zurückgibt. Alles fügt sich wundersam zusammen. Und es erschließt sich nach und nach, fast wie ein Abenteuerspiel, *mühelos*. Endlich habe ich es mir erlaubt. Es war so einfach, daß ich am Anfang kaum glauben konnte, dass es wahrhaft so einfach ist. Alles, was ich brauchte, war *Bereitschaft*, *Neugier* und *wache Fantasie*.»

… lernen, dass das Leben sich der menschlichen Hände und Herzen bedient! Dass alles im Fluss ist, wenn ich die Energie, in welcher Form auch immer, zu mir zurückfließen lasse.
GAYAN S. WINTER

Er hielt inne und atmete tief. «Nun ja, ich bin einen ziemlich weiten Weg bis hierher gegangen. Ich bin kreuz und quer durch die Welt gereist, um Antworten auf meine Fragen zu finden. Die längste Zeit habe ich nicht bemerkt, dass die Antworten immer schon *bei mir* waren.» Er lachte. «Das erinnert mich an einen Freund! Als Verleger hatte er über seinem Schreibtisch eine Postkarte hängen, auf der zu lesen war: *Umwege erweitern – die Ortskenntnis!* Ich jedenfalls habe solche Umwege gebraucht, um endlich festzustellen, dass die Antworten immer dort sind, wo auch die Fragen sind.

Ich war natürlich begeistert, als ich merkte, dass es der Erleuchtung schnurzegal ist, wo und wie ich sie finde, und ob überhaupt. Egal, ob in der Einsamkeit eines Klosters im Himalaja oder im kollektiven Lebensrausch der Berliner *Love Parade*, in der Entbehrung oder in der Fülle oder wo immer. Alles ist natürlich möglich. Was aber ist *für mich richtig*?

Bevor ich meine Reise antrat, hatte ich es mir in einer Verzichthaltung bequem gemacht. Ich sagte mir, nur so würde ich vollkommene Zufriedenheit und Erfüllung finden. Was ich wirklich wollte, war, meinem Leben eine *Richtung* zu geben, meine Lebensaufgabe zu erkennen und schließlich alles, was für mich von Wert und Bedeutung ist, auch zu *feiern*.»

Davids Ausführungen aktivierten einen ungelebten Wunsch in mir. Ich war schon seit längerer Zeit an spirituellen Fragen – und den *endgültigen* Antworten – interessiert. Doch ich glaubte, mich dem nicht widmen zu können, weil ich ein ziemlich normales Leben führte. Ich verdiente meinen Lebensunterhalt seit Jahren in einer Agentur, die sich um die Vermarktung von pharmazeutischen Produkten kümmert. Seit meinem Studium war ich daran interessiert, Karriere zu machen, um mir einige Annehmlichkeiten der zivilisierten Welt leisten zu können. All dies schien nicht zusammenzupassen mit meiner Suche nach dem, was größer und bedeutender ist als wir Menschen. Mich beschlich eine erste Ahnung, dass hier doch keine Gegensätze herrschten. Mir fehlte lediglich die Verbindung zwischen den beiden Teilen – eine Brücke, die die beiden Ufer verband.

Die Herausforderung für uns alle heutzutage besteht darin, unser Leben radikal zu akzeptieren und uns mit dem zu verbinden, was unsere innerste Natur ist. Stell dir selbst die Frage: Was in dir möchte erwachen? Wo in deinem Leben ist das Saatkorn der lebendigsten und größten Freude? Wer ist mit dir auf dieser Reise?
RICHARD MOSS

David nickte zustimmend, während ich ihm meine Gedanken anvertraute. Schade nur, er würde mir dabei nicht weiterhelfen können. Nach seiner Rückkehr hatte man für ihn in der Firma, in der er früher angestellt war, eine neue Stelle geschaffen. Wie er das «gemacht» hatte, war mir schleierhaft, denn während er die Welt bereiste, war zu Hause die Arbeitslosigkeit rapide gestiegen. Junge, befähigte Studienabgänger, die bereit waren, eine unterbezahlte Stelle anzunehmen, gab es genügend. Für ihn erfüllte sich nun der Wunsch, als Managementtrainer zu arbeiten. Er bildete in allen Niederlassungen des Konzerns Führungsnachwuchs aus und war jetzt Leiter der Abteilung *Vision und Kompetenz*. Seiner Leidenschaft für das Reisen konnte er weiter nachgehen. Zudem schöpfte er aus all den Schätzen, die er für sich entdeckt hatte, und konnte so manches daraus weitergeben.

Aber David hatte zum Abschied einen Vorschlag. Er schickte mich zu einer Freundin, die seit einiger Zeit in New York, auf der Westseite des Central Park, lebte. Sie würde ein paar Informationen haben, die nicht alltäglich seien und nicht unbedingt für jeden von Interesse. Aber er denke … So oder so, eine hawaiianische Schamanin auf eine Tasse Tee zu besuchen, wäre für mich in jedem Fall *unterhaltsam*.

Auf dem Heimweg dachte ich über diesen wundersamen Tag nach. Alles passte zusammen. Die Frühlingsatmosphäre, mein überraschendes Wiedersehen mit David, das Echo, das seine Reiseerlebnisse in mir hervorgerufen hatten, die Erwartung meines bevorstehenden Reinschmeckens in eine verlockende, neue Welt. Eigentlich sei sie die sprichwörtliche «gute Fee», seine alte Freundin, hatte David noch im Weggehen gesagt. Sie sehe ins *Herz der Wünsche* – und des Wünschens. Und kenne die Geheimnisse, wie Träume und Wünsche *wahr* werden. Nur, sie selbst würde keine erfüllen.

«Zu dumm», dachte ich noch, «als ‹gute Fee› müsste sie das doch eigentlich.» Auf Märchen war eben kein Verlass mehr.

Das erste Fenster:

Ike. Die *Möglichkeiten* des Wünschens

Was, wenn die Welt
in Wahrheit ein »Boomerang« ist?

WIE SOLLTE ICH sie nun finden, meine Schamanin? Ich las schon die vierzehnte Reihe Klingelschilder an verschiedenen Wohngebäuden, die an oder nahe der Ecke einer der auf Central Park West führenden Querstraßen gelegen waren. Nirgendwo ein Name, der auch nur entfernt an «Kahana» erinnerte. Überhaupt fast keine Namen mit K.

Davids Angaben waren sehr vage gewesen, keine Hausnummer, nur eine knappe Beschreibung der Gegend hier. Er hatte Kahana in ihrer New Yorker Wohnung nur ein einziges Mal besucht. «K. Turner» stand auf einem der Schilder. Ich klingelte auf gut Glück. Nichts rührte sich. Mit einem Seufzer drehte ich mich zum Weggehen. Ich wurde missmutig. Dann hörte ich den Summer. Nichts weiter, keine fragende Stimme aus der Gegensprechanlage. Ich zögerte kurz, dann betrat ich das Haus. Wie immer bei fünf oder weniger Stockwerken wählte ich «Treppe statt Fahrstuhl». Eines meiner Fitness-Geheimnisse.

Dann sah ich sie. Eine Frau unbestimmbaren Alters stand in der Wohnungstür und sah mich an, als hätte sie mich erwartet. Fehlanzeige, dachte ich. Das ist nicht meine Schamanin. Die nicht. Mit ihrer Frisur, die den Eindruck machte, als sei sie gerade von Lockenwicklern befreit worden, wirkte sie wie Millionen ihrer Geschlechtsgenossinnen in diesem oder vielleicht jedem Land der Welt.

Wir brauchen keine neue Welt, nur neue Augen – damit wir die Welt aus einer Perspektive des positiven Staunens betrachten können.
JAMIE SAMS & DAVID CARSON

«Wer sucht, findet nicht», sagte die Frau fröhlich. «Schön, dass du mich *finden* wolltest. *Aloha* – und willkommen!» Ihr ganz irdischer Händedruck wollte ebenso wenig zu meinem Bild einer «richtigen» Schamanin passen wie die Jeans, die sie trug, oder ihr über der Taille geknotetes Hemd. «Was ist?», fragte sie mich, «du siehst mich an, als hättest du mich im Schneidersitz erwartet, im telepathischen Kontakt mit dem Rest der Welt.» Eine passende Antwort wollte mir partout nicht einfallen, ich fühlte mich bei meinen Gedanken ertappt. Sie kamen mir mit einem Mal recht töricht vor. Ich lächelte verlegen.

Sie sprach weiter, während sie dampfenden Kaffee aus der Küche holte: «Ja, ich kann auch ohne Telefon über große Entfernungen kommunizieren, vor allem mit den Menschen, mit denen ich im Herzen verbunden bin. Aber ich schätze das Telefonieren, es ist manchmal einfacher.» Dieser Satz war von entwaffnender Logik, auch wenn ich keine Idee hatte, wie diese andere Art der Verständigung funktionieren sollte.

Meine anhaltende Verwirrung schien Kahana wenig zu beeindrucken. «Du möchtest mehr über die Geschenke aus dem Kulturschatz des alten Hawai'i erfahren, wie ich von David höre. Nun, ich teile sie gern mit dir. Es sind magische Geschenke: Sie mehren sich, wenn man sie mit anderen teilt.»

Wir nahmen in einer gemütlichen Sitzecke im Wohnzimmer Platz. Ich wählte den Korbsessel, der unter einer Palme mit ausladenden Blättern stand. Sie schob mir eine Tasse Kaffee über den Tisch. «Siehst du das Fenster?» fragte Kahana wie nebenbei und machte mit dem Kopf die Andeutung einer Richtung. Ich versuchte, ihr zu folgen, und blickte auf ein Stück weißer Wand. Die einzige Stelle in der Wohnung, an der weder ein Fenster noch eine Tür war, nicht mal eine Durchreiche. «Ich will dir gleich heute das erste der sieben *hawaiianischen Fenster* zeigen», fuhr sie fort.

«Es wird dir den Ausblick auf eine neue, dir vielleicht fremdartig erscheinende Welt eröffnen. Den *Zugang* zu dieser Welt – und damit den Gewinn für dein eigenes Leben – findest du, wenn du auf sie *zugehst*. Durch weisen Gebrauch deiner vorhandenen Gaben, durch die Bereitschaft zu investieren und durch erneutes Handeln im Licht der gewonnenen Erfahrungen. Fühle dich frei, zu wählen, welche dieser Gaben du dort annehmen willst und welche für dich zur Zeit weniger Bedeutung besitzen. Ich biete dir aus meinem Wissen an, was ich als Frage, auch unausgesprochen, höre. Und du nimmst dir davon, was du anwenden möchtest. Und baue auf dem auf, was du bereits gelernt hast. Dein bereits vorhandenes Wissen brauchst du nicht zu vergleichen oder zu bewerten. Füge einfach hinzu, was du jetzt gebrauchen kannst. Du wirst nach und nach die etwas andere

Nicht was wir erleben, sondern wie wir empfinden, was wir erleben, macht unser Schicksal aus.
MARIE VON EBNER-ESCHENBACH

Sicherheit ist Illusion. Das Leben ist entweder ein kühnes Abenteuer – oder es ist nichts.
HELEN KELLER

Qualität entdecken, das Neue, das *für dich* daraus entsteht.»

Diese Perspektive gefiel mir gut. So hatte ich das Gefühl, nicht mein ganzes bisheriges Leben über Bord werfen zu müssen. Vielleicht war es tatsächlich möglich, auf weltliche Annehmlichkeiten nicht verzichten zu müssen, während man sich der eigenen spirituellen Entwicklung widmete?

Träume und Wünsche können wahr werden. Benutze die Macht eines goldenen Zauberstabs, um sie zu verwirklichen ... Statte (ihn) mit der Fähigkeit aus, etwas Neues zu wagen, dir Veränderungen vorzustellen ... Fühl die Maserung, schau dir die Form an. Er gehört dir für immer, und du kannst damit machen, was du willst.
VIRGINIA SATIR

Kahana lehnte sich zurück: «Wie in vielen anderen Kulturen bauen auch die Menschen in Polynesien – und Hawai'i ist ein Teil davon – aus Wahrnehmungen, Gedanken, Emotionen, Bildern und praktischen Vorstellungen ein Fundament für ihre Welt. Darauf steht das *Haus des Wünschens und der Erfüllung* sicher und fest. Dieses Fundament ist aus verschiedenen Baumaterialien errichtet, die erst in ihrer Verbindung untereinander Stabilität gewährleisten. Und wie bei jedem Haus ist das Fundament das eigentlich Unsichtbare, das dennoch Halt gibt.

Die wesentlichen Bausteine des Hauses bilden die drei Anteile der menschlichen Persönlichkeit: der bewusste Teil, die Hawaiianer nennen ihn *Lono*; der unterbewusste Teil, *Ku* genannt; und der spirituelle Teil, das ‹hohe Selbst›, genannt: *Kane* oder auch *Aumakua*. Diese drei Teile sind immer verbunden. Sie für einen Augenblick getrennt zu *betrachten*, erlaubt uns, die unterschiedlichen Aspekte des menschlichen Wesens zu verstehen. Diese konstruierte Trennung gibt die nützliche Illusion, zu erfassen, was das ist, das uns Menschen zu einer wunderbaren Ganzheit zusammenfügt.

Erst in der Verbindung, in der Wiederverschmelzung entsteht das wirklich Zauberhafte, das Magische, das uns wissen lässt, woher wir kommen, wohin wir gehen und welches unser Lebensplan und unsere Aufgaben in der Gegenwart sind. Diese innere Verbindung von *Lono*, *Ku* und *Kane/Aumakua* lässt uns auch die Verbindung nach außen zu allem Lebendigen spüren, die sich wie ein Netz über das gesamte Universum spannt.»

Kahana sprach mit so großer Selbstverständlichkeit, als würde sie einem fragenden Reisenden den Weg zur nächsten Tankstelle beschreiben. Ihre Wegbeschreibung klang präzise, einleuchtend und einfach. So einfach, dass ich mich fragte, warum ich mich so viele Jahre gescheut hatte, mir diesen Weg erklären zu lassen.

Kahana fuhr fort: «Auf diesem stabilen, sicheren Fundament, diesem, ja, *dreieinigen Selbst*, steht das Haus der ganzheitlichen Persönlichkeit, durch dessen Fenster wir hinausblicken können, um das wahrzunehmen, was wir gewöhnlich ‹die Welt› nennen. Je nachdem, in welche Himmelsrichtung, durch welches Fenster du schaust, wirst du unterschiedliche Menschen, Tiere, Pflanzen, Landschaften, Gebäude und andere Dinge entdecken. In jeder Sekunde deines Lebens bestimmst du allein, durch welches Fenster du schaust und was du dort entdecken willst. Ein Blick durch das erste Fenster gleicht einem Blick in den Spiegel. So wie du dich dem Spiegel zeigst, so *bist* du. Und so wie du die Welt ansiehst, so *ist* die Welt. Die Welt ist immer genau das, wofür du sie hältst. Und du hast die Wahl!

Alle Bilder, die uns bewusst werden, sind fordernd. Wenn der Traum die Wachwelt ergänzt, so heißt das, dass dem Traum prospektive Kraft innewohnt ... Visionen werden magische Wirklichkeit. Der Künstler ist mittelbarer Magier, der Schamane unmittelbarer.
ARNOLD KEYSERLING

Der Visionär Albert Einstein hat diese Erkenntnis einem Reporter anvertraut, der ihn fragte, was das Wesen der Menschlichkeit ausmache: ‹Jeder entscheidet für sich, ob das Universum freundlich oder unfreundlich ist. Wenn wir entscheiden, dass es unfreundlich ist, benutzen wir unsere Kräfte, unser Wissen und unsere Kontrolle, um Werkzeuge, Technologien und Denkmodelle zu entwickeln, mit deren Hilfe das Unfreundliche bekämpft werden kann. Wenn wir entscheiden, dass das Universum weder freundlich noch unfreundlich ist, fühlen wir uns leicht als Opfer und sind machtlos.

Wenn wir entscheiden, daß das Universum *freundlich* ist, benutzen wir unser Wissen, unsere Fähigkeiten und unsere Macht, um Technologien und Gedanken zu entwickeln, die das Universum in all seiner wunderbaren Einzigartigkeit, Liebe, Schönheit und Freude noch besser werden lassen.›»

Ich hatte Kahana mit meiner ganzen Aufmerksamkeit zugehört. Dennoch war ich unsicher, ob ich wirklich verstand, was sie mir sagte. Sicher war, dass ich gedankliches Neuland betreten hatte. Meine Füße sollten sich noch an die ungewohnten Bodenverhältnisse gewöhnen.

Kahanas Lächeln hingegen wirkte vertraut. Ebenso ihre warme, wohlklingende Stimme. Dass wir uns gerade erst getroffen hatten, war unbedeutend. Was war das für ein Zauber, der von ihr ausging? Was war das Besondere, das mich spüren ließ, dass alles, was sie mir sagte, mich bewegte, Bewegung in mein Leben brachte – vom ersten Augenblick an?

«Mach's dir bequem, Barbra, ich möchte dir eine Geschichte erzählen. Sie wird es deinem *Ku* erleichtern, dich auf deiner ERSTEN REISE in eine andere Welt zu begleiten – als Freund und *Verbündeter.*» Dies ist die Geschichte:

Vor vielen Jahren, als ich noch ein Kind war, erzählte mir meine Großmutter eine Geschichte, die sie in ihren Kindertagen bereits von ihrer Großmutter gehört hatte. Wir saßen damals am Strand der Bucht von Anahola auf der Insel Kaua'i. Meine Füße gruben sich in den warmen Sand, in meinen Händen klimperten kleine Muscheln im Rhythmus der sanften Wellen; ein zarter Sommerwind bewegte den Lei, *den hawaiianischen Blütenkranz, den Großmutter auf ihr blauschwarzes Haar gesetzt hatte.*

Mit weicher, tiefer Stimme begann sie zu sprechen, während sie mich in ihren Armen hielt: «Früher, es ist lange her, zu einer Zeit, als die Menschen noch im Einklang mit der Natur lebten, hatten unsere Vorfahren ganz besondere Fähigkeiten. Sie betrachteten alles in ihrer Umgebung als einen Teil von sich selbst. Deshalb galt ihr Streben ganz natürlich dem eigenen Wohlergehen und dem ihrer Familie. Und sie pflegten ihren Lebensraum, lebten bewusst mit Tieren und Pflanzen, ja auch mit der Erde und mit den Steinen wie mit ihresgleichen.

Und noch mehr. Hatten sie Sorgen, so fragten sie die Natur um Rat. Sie erhielten Antworten von den Wolken, den Bäumen, den Bergen, dem Meer. Und auch von denen, die im Meer lebten. Eine besondere Freundschaft verband sie mit den Delfinen.

Einmal im Jahr wurde ein großes Fest gefeiert für alle, die die Zeit der Kindheit hinter sich ließen, die in einen

neuen Zyklus des Wachsens übergingen. Sie alle wollten sich von der alten Zeit mit Respekt und Dankbarkeit verabschieden und waren bereit, den Neubeginn zu wagen. Der Tag war angefüllt mit vielerlei Aktivitäten, damit alle das Ereignis genießen konnten. Als die Sonne unterging, verabschiedete sich die Gruppe der Wachsenden, um sich von den Delfinen in die Tiefen des Meeres begleiten zu lassen. Die Delfine warteten bereits auf die Ankunft ihrer Freunde.»

Großmutter schaute mich lächelnd an und strich mir über das Haar. «Und wenn du möchtest, kannst du nun die Augen schließen, kannst noch ein bisschen mehr entspannen und den Atem in dich einströmen lassen und wieder ausströmen lassen wie die sanften Wellen des Meeres.» Meine Augen fielen wie von selbst zu. Großmutter erzählte weiter:

«Stell dir vor, du wärst eine in der Gruppe der Wachsenden und du wüsstest, dass dein Delfin nun auf dich wartet. Auf seinem Rücken sitzend begleitest du ihn in die Tiefen des Meeres. Und du weißt, da alles Lebendige Teil von dir selbst ist, dass du die Eigenschaften des Delfins annehmen und lange Zeit unter Wasser bleiben kannst. Du fühlst dich sicher, behütet und geborgen in der grenzenlosen Freiheit des Meeres. Und während du tiefer und tiefer hineintauchst, spürst du mehr und mehr, wie sich dein Körper entspannt und alle Gedanken, die du jetzt nicht brauchst, einfach hinwegfließen können. Du kommst immer tiefer, wo alle Schätze und Weisheiten auf dich warten, wo alles bereits da ist, was du für deinen Neubeginn brauchst. Du lässt dich mitnehmen in eine andere Welt, in eine Welt der Träume und Visionen. Und du kommst an ein Tor, das dich einlassen wird in eine andere Wirklichkeit.

Und nun gehst du allein weiter, dein Delfin wird hier auf dich warten, um dich später wieder nach oben zu begleiten. Du öffnest das Tor und gehst durch einen langen Gang, an dessen Ende du bereits Licht siehst. Du kommst in eine Höhle, in deine Höhle, die erfüllt ist von hellem, strahlendem Licht, und du weißt, dass du hier ganz sicher und beschützt bist. Sieh dich um, welche neuen Farben und Qualitäten hier für dich sind. Vielleicht ist hier auch Klang oder Musik, und vielleicht spürst du das Licht, den Schutz aus deiner Quelle, sogar auf deiner Haut.

Wenn du möchtest, kannst du nun weitergehen, denn du siehst, hier ist ein weiterer Durchgang. Er führt dich zu der Quelle deiner Kraft und Kreativität, zum Zentrum deines Wesens, das dich mit deinem höheren Selbst, mit Kane, in Verbindung bringt – und mit deinen Wünschen und Träumen, mit deiner wahren Lebensenergie. Wenn du willst, kannst du spüren, wie die Sehnsucht, das Verlangen aufsteigt, dorthin zu kommen und dich überraschen zu lassen von den Geschenken, die dort für dich sind. Du entscheidest, wann du hineingehst und das Neue genießt, das mit all seinen Qualitäten auf dich einströmt. Genieße es auf deine spezielle, eigene Art und Weise. Vielleicht ist es mehr die Kraft und Stärke, die du spürst, oder der besonders tiefe Frieden und die Ruhe. Vielleicht ist es eine wohltuende Wärme oder ein Prickeln oder Kribbeln auf deiner Haut.

Lass dir alle Zeit, die du brauchst, um all das zu genießen. Und während du die Quelle deiner schöpferischen Energie tief in dir, in jeder Zelle deines Körpers fühlst und dich anfüllst mit den neuen Qualitäten, kannst du entscheiden, ob du dieses Gefühl ausdehnen möchtest und über *deinen Körper hinausgehen lassen willst. Wenn du magst, kannst du dir nun von hier aus deine Zukunft zeigen lassen, kannst dir zukünftige Situationen schenken lassen, in denen du – unmittelbar an deiner Quelle – dein Leben selbst gestaltest und stets das Richtige für dich wählst. Die Spiegel an den Wänden geben den Blick frei auf die Welt, wie sie sein wird, wenn du deine neuen Geschenke zum besten Nutzen weise einsetzt. Vielleicht siehst du, wie langgehegte Wünsche wahr geworden sind. Oder vielleicht sind es überraschende Wendungen, die dein Leben nehmen wird. Lass dich von dem Blick in den Spiegel überraschen. Jetzt.*

Lass dir zeigen, wie es ist, die Verbindung zu deiner Kraft immer zu spüren und mit deinem ganzen Potential und all deiner Energie, deinen Fähigkeiten und Möglichkeiten das Leben schöpferisch zu gestalten. Und du selbst entscheidest, wann du dich von deinem Delfin zurückbringen lassen möchtest, ob langsam oder schnell, ob du dich dehnen und strecken möchtest oder einfach die Augen öffnest, um, angereichert mit deinen neuen Möglichkeiten, wieder ganz hier zu sein.»

Obwohl ich mich die ganze Zeit über sehr wach und lebendig gefühlt hatte, kam es mir vor, als würde ich soeben aus einem langen, tiefen, erholsamen Schlaf erwachen. Unwillkürlich musste ich lächeln. Kahana legte ihre Hand auf meinen Arm: «Nun, du bist weit gereist, Barbra. Lass dich ohne Eile wieder ganz hier ankommen. Bis zu unserem nächsten Treffen hast du alle Zeit der Welt, dein Reisegepäck auszupacken und die Souvenirs genauer zu betrachten. Dann wirst du dich an den Geschenken aus der anderen Welt erfreuen und ihren Nutzen für das, was Schamanen *Life Shifting* nennen, für deine Lebens-Wende, begreifen.»

Das zweite Fenster:

Kala. Die *Freiheit* des Wünschens

Die Wahrheit über den
»Boomerang«: Er fliegt und fliegt …

DIE SOUVENIRS, DIE ich von meiner ersten Reise mit Kahana mitbrachte, ließen sich nicht in Schränke oder auf Regale stellen, wo sie einstaubten oder, wie die Erinnerung daran, langsam verblassten. Diese Reise hatte etwas in mir angerührt, was sich seltsam vertraut anfühlte. So als wäre ich schon selbst einmal in Hawai'i zu Hause gewesen. Andererseits hatte sie mir ganz neue, bereichernde Empfindungen geschenkt. Neben der verblüffenden, neuen Möglichkeit, mir eine freundliche, wohlwollende Welt zu schaffen, einfach indem ich sie für mich *wählte*, verankerte sich bei mir besonders das Gefühl unbegrenzter Bewegungsfreiheit, das sich in meinem Körper und gleichermaßen auch in meinem Geist ausbreitete. Und ich sollte bald feststellen, dass dies alles mehr war als ein flüchtiger schöner Traum.

Je öfter ich mich an die Geschichte der Heranwachsenden auf dem Rücken der Delfine erinnerte, um so intensiver reiste ich selbst mit. Es wurde mir nach und nach zur Gewohnheit, mich mit den Gedanken an die Abenteuer in den Tiefen meines inneren Ozeans abends in den Schlaf sinken zu lassen. Immer wieder rankten sich meine nächtlichen Träume um Schätze, die ich dort fand. Morgens wachte ich erfrischt und ausgeruht auf und war voller Energie und Tatendrang. Allein schon die Erinnerung an diese Schätze trug mich augenblicks in eine Welt, wo die Ahnung von grenzenloser Freiheit und gleichzeitig tiefer Geborgenheit ihren Ursprung hatte.

Den Zugang zur Quelle meiner schöpferischen Intelligenz gefunden zu haben, erfüllte mich mit besonderer Kraft. Und mein erweitertes Selbst-Bild mit den drei Mitwirkenden *Lono*, *Ku* und *Kane/Aumakua* stimmte mich heiter. Jetzt lernte ich mich von einer unterhaltsamen Seite kennen – ich sah die drei Teile meines Selbst (oder waren es drei «Selbste»?) wie auf einer Bühne miteinander agieren, raffiniert, trickreich, aber nicht arglistig. Ein paar Fragen hatte ich da schon noch … Ich ließ mich mehr und mehr in diese Stimmung hineingleiten und mich von dem wärmenden, prickelnden Lichtnebel, der mir Geborgenheit und Grenzenlosigkeit bot, einhüllen und anfüllen.

Zunächst erschien es mir wie zufällig, dass mir manche Dinge, die ich erledigen musste, leichter fielen, ob es ungeliebte Tätigkeiten in meinem Beruf waren oder anderer alltäglicher Kram. Das wöchentliche Putzen meiner Wohnung beispielsweise. Ich musste mich nicht mehr, wie früher, dazu durchringen, diese Dinge zu tun. Jetzt sah ich ihre positiven Seiten und würdigte sie. Das Staubwischen nutzte ich, um zugleich Staub aus meinen Gedanken zu fegen und im Kopf Platz für Neues zu schaffen.

Noch wusste ich nicht, dass mir eine heiße Feuerprobe bevorstand. «Es gibt keine Zufälle», behauptet einer meiner Freunde mit großer Beharrlichkeit, seit ich ihn kenne. Seine Behauptung sollte sich bewahrheiten.

Ich arbeite ja «selbstständig», zugleich aber ausschließlich für die besagte Agentur. Seit längerem war mein Grundhonorar nicht erhöht worden. Es entsprach nicht mehr den ständig höher geschraubten Anforderungen. Ich hatte mir nun vorgenommen, nachzuhaken und meinen Auftraggeber/Chef offen nach den Gründen dafür zu fragen. Ich hatte den Mut gefasst und um einen Termin für eine klärende Aussprache gebeten.

Es war mir nicht leicht gefallen. In der Regel vermied ich direkte Begegnungen mit ihm; sein Stil entspricht nicht meinen Vorstellungen von Mitarbeiter- und Unternehmensführung. Genauer gesagt, gab er sich als ein richtiger Despot und spielte seine Macht gegen andere aus, wo immer und wann immer es ihm möglich war. Damals war ich felsenfest überzeugt, ihn nicht ausstehen zu können.

Die Stunde des Gesprächs rückte näher. Mein Herz schien bis zu meinem Hals gewandert zu sein, um das heftige Klopfen sichtbar und hörbar zu machen. Mir war flau im Magen. Seine Art, Macht zu zeigen, war, mich erst mal warten zu lassen, ehe er mit lauten Schritten in sein Büro rauschte und die Türe krachend zuwarf. Ohne mich zu begrüßen, polterte er los: «Ich hatte mich schon gefragt, wann Sie mir sagen würden, dass Sie ein Problem haben. Ich wusste schon immer, dass Sie nicht belastbar sind und nicht dem Druck standhalten, dem Ihre männlichen Kollegen schon lange ausgesetzt sind.»

Blitzartig stieg mir die Zornesröte ins Gesicht, am liebsten hätte ich laut losgebrüllt und ihm in der gleichen ungehobelten Art geantwortet. Irgend etwas hielt mich zurück. Ich wusste ja, dass ich damit nichts für mich Positives erreichen würde. Ich atmete tief und bat im Stillen und offenen Herzens *Kane*, mein höheres Selbst, um Beistand und Inspiration und mein Unterbewusstes, *Ku,* darum, für das richtige Handeln zu sorgen. *Lono*, mein Bewusstes, war hellwach und aktiv. Dann geschah alles mit schlafwandlerischer Eleganz.

Rückblickend stellte ich fest, dass ich, ohne nachzudenken, ein anderes Muster gewählt hatte. Ich war nicht auf sein «Angebot» eingestiegen, mich in seine emotionale Schwingung zu begeben. Ich war in *meiner* eigenen positiven Energie geblieben und hatte ihm in ruhigem Tonfall und in sachlichem Stil Argumente für eine höhere Vergütung meiner Tätigkeit dargelegt. Ich hatte ihm Möglichkeiten aufgezeigt, wie in der Abteilung die Aufgaben so zu verteilen wären, dass alle tun konnten, was sie *gut* konnten, und wo Unternehmen, Kunden und Mitarbeiter gleichermaßen Gewinner sein würden. Er hatte nicht damit gerechnet, dass ich so ruhig und gelassen reagieren würde. Nach anfänglicher Verblüffung, die ihn für kurze Zeit sprachlos machte, versprach er, über beide Vorschläge nachzudenken.

Unmögliches wird möglich. Wünsche werden Wirklichkeit. Träume werden wahr. Fantasien werden Realität.
ZDF Programmankündigung

Als ich sein Büro verließ, warf mir seine Assistentin einen anerkennenden Blick zu. Sie hatte seinen anfänglichen Ausbruch gehört. Es war ihr nicht neu, sie wusste, was sich häufiger hinter der Tür ihres Chefs abspielte. Sicher hatte sie genauso unter seiner despotischen Art zu leiden wie die meisten Kollegen. Meine neue Energie beflügelte mich. «Wissen Sie, Deborah», zwinkerte ich ihr zu, «auch er hat gute Eigenschaften, die wir anerkennen sollten. Zumindest diese: Immer wenn er ausatmet, liefert er Nahrung für die Grünpflanzen …»

Mit Deborahs Kichern spürte ich, wie mich der letzte Rest aus Zorn, Wut und Ärger verließ. Ich hatte diesen Gefühlen durch einen einzigen Gedanken untersagt, mich einzunehmen und meine Handlungen zu steuern. Zu diesem Zeitpunkt wusste ich noch nicht, ob das Gespräch zur besseren Bezahlung führen würde. Der Erfolg, den ich an diesem Tag mit Sicherheit errungen hatte, war von anderer Natur und Qualität: Ich hatte mich von einem alten Verhaltensmuster *verabschiedet* und eine Ahnung bekommen, wie es sein könnte, mich nicht weiterhin als fremdgesteuertes, kleines Rädchen im System zu fühlen. Ich konnte von jetzt an *frei* zwischen allen mir zur Verfügung stehenden Emotionen wählen!

Stolz und Freude begleiteten mich zu meiner nächsten «Vorlesung» in Kahanas *Schule des Wünschens.* Dieses Mal fand ich die Schamanin in ihrem Arbeitszimmer, wo raumhohe Holzbretter an der Wand lehnten. Sie war beschäftigt, Schrauben und andere Verbindungsstücke zu sortieren. Sie bat mich, den

Das eine und einzige Gebot: Du darfst alles tun, was du willst, aber bedenke, dass du es dir selber tust. Wenn du meinst, es dir selbst tun zu dürfen, so tue selbst das Äußerste ... Mit diesem Gebot bist du frei zu allem und doch wird es dich weise machen.
CHRISTIAN MORGENSTERN

Schläft ein Lied in allen Dingen, die da träumen fort und fort. Und die Welt hebt an zu singen, triffst du nur das Zauberwort.
JOSEPH VON EICHENDORFF

Werkzeugkasten aus der Küche mitzubringen. Sie war im Begriff, ein neues Bücherregal zu bauen, und freute sich über helfende Hände.

Kahana holte einen Schraubenzieher aus dem Werkzeugkasten und zeigte auf die Bretter und Schrauben: «Hast du Lust auf etwas Praktisches? Das Werkzeug, das wir brauchen, ist alles hier.»

Ihr Tatendrang wirkte ansteckend, auch wenn ich mir die Lektionen in Schamanismus irgendwie anders vorgestellt hatte. Sie deutete auf einen von ihr gezeichneten Aufbauplan: «Natürlich brauchen wir Fantasie, um uns das Neue vorzustellen, bevor es entsteht, wir brauchen auch etwas Übung im Umgang mit dem Werkzeug. Wenn uns das eine oder andere nicht auf Anhieb gelingt, gibt es immer noch einen anderen Weg. Und es stellt nicht den Nutzen des gesamten Werks in Frage.»

Anhand des Plans holte ich die passenden Werkzeuge aus dem Kasten. Alles war komplett vorhanden, so dass ich mich einen Moment lang fragte, was Kahana wohl in der kleineren Holzkiste noch für Instrumente haben könnte, auf der «Toolbox» stand. Ich vergaß es wieder, während ich mithalf, das Material zu sortieren. Schnell waren die ersten Seitenstützen in ihre Position gebracht. Der erste Dübel, den ich in das vorgebohrte Loch in der Wand stecken wollte, brach ab. Kahana lachte, als sie mein ärgerliches Gesicht sah: «Solange wir unsere Aufmerksamkeit auf das gewünschte Ergebnis, auf unser Ziel richten, geben wir ihm Energie. Alles andere ist Nebensache. Du hast soeben eine Botschaft bekommen. Der Dübel hat dir gesagt, dass du andere, angemessenere Möglichkeiten hast, ihn zu setzen – zum Beispiel, um mehr Festigkeit zu erzeugen.

Edison hätte die Glühlampe nicht erfunden ohne die innere Gewissheit, dass sich seine Idee in funktionierende Wirklichkeit umsetzen ließe. Es gibt eine Geschichte darüber. Nach seinem zweihundertsten vergeblichen Versuch, einen Draht dauerhaft zum Glühen zu bringen und Räume des Nachts in strahlendes Licht zu tauchen, wurde Edison von einem Freund gefragt, ob er nicht endlich genug habe und aufgeben wolle. Edison war über die Frage mehr als erstaunt: «Warum sollte ich gerade jetzt aufgeben?», erwiderte er. «Ich bin doch mit jedem Versuch meinem Ziel einen Schritt näher gekommen. Nun kenne ich zweihundert Arten, wie es *nicht* funktioniert. Es kann gar nicht anders sein: Ich muss kurz vor der Entdeckung stehen!»

Ich holte einen zweiten Dübel und versuchte es noch einmal. Es funktionierte. Damit stand die erste Seitenstütze. Kahanas Ausführungen schwirrten in meinem Kopf.

Wir bauten weiter. Wir arbeiteten Hand in Hand, kamen zügig voran. Als das äußere Gerüst komplett stand, stoppte mich Kahana: «Lass uns eine Pause machen und uns stärken. Ich habe ein paar Cookies und werde uns einen Tee kochen.»

Als ich mich in der Küche niederließ und Kahana zusah, wie sie das Teewasser aufsetzte, spürte ich mit einem Mal, wie angestrengt mein Körper war. Kahana versorgte mich mit Stärkungen. Und fast unmerk-

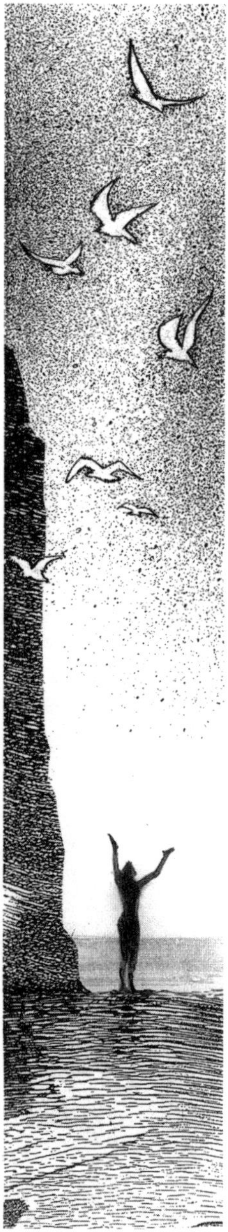

lich, während ich einen der Kekse knabberte, entführte sie mich, nahm mich mit auf die ZWEITE REISE:

Ich mag die Erinnerung an diesen besonderen Tag. Ich war auf einer Reise durch Europa und besuchte Freunde im Süden Frankreichs, in der Provence. Es war Sommer, der Lavendel stand in voller Blüte, der kräftige Duft erfüllte den ganzen Landstrich. Zusammen mit der Weite der Lavendelfelder wahrhaft berauschend für die Sinne – eine Einladung zum Verweilen, Ausruhen und Aufatmen.

Ich ging an diesem Tag allein auf Entdeckungsreise und wanderte auf schmalen Wegen durch die sich sanft im Wind wiegenden Blütenfelder. Später setzte ich mich unter eine der kraftvollen, alten Buchen und genoss den Schatten, den mir ihre Blätter unter den weit ausladenden Zweigen boten. Ich blickte in die Ferne, ohne dass meine Augen einen bestimmten Punkt berührten. Es war, als könnte ich den Horizont durchdringen und gleichzeitig ganz nah bei mir selbst sein.

Durch den weichen, weiten Blick, der auf jegliche Scharfeinstellung verzichtet, konnte ich alles wahrnehmen, was sich im Halbkreis um mich herum befand. Auf diese Weise entdeckte ich rechts am Rande eines Feldes, auf dem bereits von einer Gruppe Landarbeiter Lavendel geerntet wurde, einen kleinen, spielenden Jungen. Er tanzte und hüpfte in der Sonne, als würde er unsichtbare Schmetterlinge einfangen wollen. Bereits der Anblick übertrug die Intensität seines Spiels auf mich. Seine grenzenlose Freude und sein Vergnügen waren auch auf die große Entfernung stark zu spüren. Gedanken an meine eigene Kindheit tauchten auf.

So erinnerte ich mich an die Zeit, als ich begann, mich mit der Welt zu verwurzeln und gleichzeitig ihre Grenzenlosigkeit zu entdecken. In dieser Zeit spielte auch ich mit der Luft in der Luft. Ich erinnerte mich an die heißen Sommertage, als ich mit dem gleichen Blick, diesem Blick, der keinen Fokus kennt, himmelwärts schaute, um kleine Kügelchen oder Blasen in der Luft zu erspähen, die doch nie einzufangen waren, denn sie bestanden selbst aus Luft. Ich ließ mich gern von ihnen umschwirren.

Ich stellte mir vor, dass ich alle meine Wünsche, Träume und Hoffnungen in diese kleinen Kugeln packen würde und sie dann ganz von allein Wirklichkeit würden. Ich fühlte genau, in welchem Raum meines Körpers diese Wünsche wohnten. Und noch während ich mich darüber freute, breiteten sich diese Wünsche aus, um mich ganz auszufüllen und dann auf zauberhafte Weise in die kleinen Kugeln zu strömen.

Nachdem alle Kugeln gefüllt waren, setzte ich mich hin und wartete, bis sie auf mich herabregneten, meine Haut berührten und ich sie mit meinem Atem aufnehmen oder mit meinem Mund einfangen und verspeisen konnte. Erst einige Jahre später stellte ich fest, dass diese Gedanken tatsächlich Wirklichkeit geworden waren. Dann erst merkte ich, wie viele meiner Wünsche und Visionen sich erfüllt hatten.

All diese Erinnerungen umfingen mich in der Gegenwart nun als erwachsene Frau, während ich diesem Jungen zuschaute, der das gleiche Spiel spielte, mit dem auch ich mich als Kind vergnügt hatte. Ich erlaubte meinen Gedanken, grenzenlos zu fließen, und ging meinem Bedürfnis nach, an der sprühenden, unerschöpflichen Energie des kleinen Jungen teilzuhaben.

Mein Ku, *das wie jedes andere* Ku *alles Erlebte sorgsam speichert und aufbewahrt, ließ sich ermutigen, weitere Situationen auftauchen zu lassen, in denen ich als Kind wie auch als erwachsene Frau intensive Freude erlebt hatte. Momente, in denen nichts wichtiger war als mein vor Freude hüpfendes Herz, die Sonne in meinem Bauch und mein Strahlen, das die Kraft hatte, die ganze Erdkugel zu umrunden. Ob im Spiel oder beim Lernen, im Studium, bei der Arbeit oder in meiner Freizeit. Ob allein oder gemeinsam mit anderen. Die Begeisterung, die ich in diesen Momenten gefühlt hatte, stieg wieder in mir auf. Ich spürte tiefe Dankbarkeit für alles, was mich umgab und was seine Gegenwart mit mir teilte.*

Ein Sonnenstrahl fand seinen Weg durch die Blätter des Baumes. Sie bündelten ihn und ließen ihn auf meine Stirn treffen. Ich atmete den wärmenden Strahl tief ein und ließ seine guten Eigenschaften sich in mir ausbreiten und in mir vibrieren.

Mit lautem Krächzen kündigte ein Rabe noch während seines Fluges seine Ankunft auf dem Baum an, in dessen Schatten ich mich niedergelassen hatte. Er setzte sich auf einen Ast ganz in meiner Nähe. Sein eigentümlich durchdringender Blick traf mich. Etwas Mystisches umgab ihn, wie er so saß, bedeckt von seinem schillernden, blauschwarzen Federkleid. Lange sahen wir uns unbewegt an. Plötzlich erhob er sich und flog auf einen Ast direkt über mir, unweit seines vorherigen Platzes, wo er sich an einem Zweig zu schaffen machte. Er hielt erst inne, als er etwas in seinem Schnabel hielt. Er schaute mich wiederum lange und unbewegt an, bevor er mir seinen Schatz in den Schoß warf. Ohne Zögern flog er sogleich mit kraftvollen Flügelschlägen davon. Ich verfolgte seine Gestalt, bis er am Horizont nicht mehr zu sehen war. Dann erst wandte ich mich dem Geschenk zu, das er mir gebracht hatte.

Es war eine kleine Samenkapsel von der Buche, deren Geborgenheit ich gerade genoss. Ich schaute sie mir genauer an. Sie hatte eine stachelige Schale, ähnlich der einer Kastanie, war aber kleiner. Ich entschloss mich, das Geschenk gleich auszupacken. In der Schale entdeckte ich einen dreieckigen Kern, dessen nach unten breiter werdende Form an einen Regentropfen erinnerte. Ich legte ihn in meine Handfläche. Während ich den Samenkern betrachtete, nahm ich im Augenwinkel den Baum mit seinen Ästen und Zweigen, seinen Blättern und Fruchtständen wahr.

Baum und Samen waren sich in nichts ähnlich, und doch waren beide von demselben Gedanken getragen, vom selben Geist beseelt. Selbst diese riesengroße Buche war einst aus einem solchen Samenkern entstanden, wie ich ihn jetzt in der Hand hielt. Und er hatte sein ganzes bisheriges Leben mit aller Aufmerksamkeit und Hingabe darauf verwendet, ein ausgewachsener, dem Licht entgegenstrebender Baum zu werden. Alle Fähigkeiten dazu hatte er bereits in der Form des Samens in sich getragen.

Das dritte Fenster:

Makia. Das *Ziel* des Wünschens

Dem »Boomerang« ist es egal, wohin du ihn wirfst.

NACHDEM WIR KAHANAS Regal fertig gestellt hatten, half ich ihr dabei, ihre Büchersammlung einzuräumen. Dabei stieß ich auf einige Werke, die meinen Wissensappetit kräftig anregten. Vor allem natürlich Bücher über Hawai'i und Polynesien, aber auch eine ganze Menge über andere Kulturen, Religionen, Sichtweisen und Modelle. Kahana war von Natur aus neugierig und immer bereit, sich in andere hineinzuversetzen. So konnte sie *von innen her* erfahren, wie andere sich die Welt erklärten und welche Wege zu einem erfüllten Dasein sie wählten. Bücher dienten ihr dabei häufig als Einstieg.

Es interessiert mich nicht, wie du dein Brot verdienst. Ich will wissen, wonach du dich sehnst und ob du es wagst, dich dem Verlangen deines Herzens zu stellen.
EIN ÄLTESTER DER STÄMME DER GROSSEN EBENEN

Ich lieh mir einige dieser Bücher aus. Zu Hause wollte ich mich gleich darüber hermachen. Beim Auspacken fiel aus dem Paket ein Blatt Papier heraus, das auf den ersten Blick wie eine Bücherliste aussah. «Da hat sie meinen Lesehunger bereits vorausgesehen», dachte ich verwundert. Die wirkliche Überraschung folgte unmittelbar danach. Die Liste war von völlig anderer Art. Ihr Inhalt allein wäre es wert gewesen, mich das ganze Wochenende damit zu beschäftigen. Aber das wurde mir in diesem Augenblick noch nicht klar. So überflog ich, was da stand, als wären es meine E-Mail-Adressen. Ich nickte bei der einen oder anderen Zeile; manches las sich, als würde ich es lange kennen. Fast nebenbei registrierte ich, dass sich mit diesem (sicher nicht zufälligen) Fund das Rätsel der kleinen Holzkiste löste, zum Teil jedenfalls. Nun gut – es las sich wie das Inhaltsverzeichnis der *Toolbox,* doch es war offenbar ihr *Inhalt*:

— «NAINOA» GEWIDMET —
Nützliche Instrumente zur Kursbestimmung
(Grundausstattung)

1. In welcher Welt willst du leben? Du kannst **dein Universum wählen**: ein freundliches, dir wohlgesinntes Universum zum Beispiel.
2. Das Universum kennt keine Grenzen und kein Ende – warum sollte das ausgerechnet für dich *nicht gelten*? Du kannst **Fülle leben**: indem du immer genau das weggibst/teilst, von dem du meinst, es fehle dir am meisten.
3. Welchem Ur-Antrieb erlaubst du, dein Sein und dein Handeln zu prägen: deiner ANGST – oder deiner LIEBE? Konzentriere dich darauf, was dich *leichter* macht. Du selbst kannst deine Ziele und **deine Richtung bestimmen**.
4. Worauf wartest du noch? Dein innerer Schamane, deine innere Schamanin sind in diesem Augenblick

bereit. Arbeite mit genau den Mitteln, die jetzt verfügbar sind. *The Power of NOW*: **Du kannst es jetzt tun**. Alles.

5. Wie lädst du Liebe in dein Leben ein? Du kannst deine **Beziehungen glücklich gestalten**: die Beziehung zu dir, zu anderen und zu Gott.
6. Wie erlebst du Macht? Oder Kompetenz, Kreativität, Autorität? Da niemand derlei Power einfach «besitzt», muss sie irgendwoher kommen: Macht ist *Wirken* – einzig aus der Kraft deiner eigenen inneren Quelle. Statt sie zu projizieren, kannst du **wahre Macht ansammeln** – durch vier Vereinbarungen mit dir selbst:
   - Ich benutze die Macht des Wortes mit absoluter Integrität.
   - Ich nehme nichts persönlich, egal was mir begegnet.
   - Ich stelle über andere keine Spekulationen an.
   - Ich tue jederzeit das mir Bestmögliche.
7. Du siehst Gott in allem. Du weißt, die Welt ist ein »Boomerang«, und der/die Werfende bist du. Nein? Macht auch nichts. Du kannst einfach so handeln, *als ob* es so wäre – so lange, bis du selbst **an der Wirkung die Wahrheit erkennen** kannst. Das gilt in *jedem* Fall …

Irgendwie interessant, fand ich. Doch ich hatte bereits anderes vor. Ich legte die Liste erst mal zur Seite und richtete mich gemütlich auf das Wochenende ein. Meine Verabredungen sagte ich alle ab.

Ich las und las, nahezu pausenlos, die ganze Zeit und vergaß den Rest der Welt. Mir schwirrte der Kopf, in den Ohren zirpte und klingelte es. Am Ende war ich *noch* verwirrter als zuvor – «I'm still confused. But on a higher level!», sagte ich mir. Aber stimmte das, war ich irgendwie weitergekommen?

Was ich gelesen hatte, war faszinierend, ich entdeckte viele Weisheiten aus den entferntesten Ecken der Welt, die mich tief in meinem Kern berührten. Doch ich war überwältigt von der Fülle der vielen unterschiedlichen Sichtweisen, Systeme und Wege. Wie sollte ich in dieser Fülle das für mich Richtige finden? Wo überhaupt anfangen? Die Liste mit den *Tools* hatte ich über alldem ganz vergessen.

Gefragt ist heute die klare, bewusste Konzentration, das Fokussieren auf Dinge, Wünsche … Eine wichtige Rolle spielt dabei unsere Stimme bzw. Sprache. Indem wir laut sagen, was wir wollen, wünschen, erwarten, können wir uns mit oben verbinden und die Verwirklichung besser nach unten materialisieren.
FRIDOLIN FREULER

Im Zustand von Ratlosigkeit und Verwirrung begab ich mich zum nächsten Treffen mit meiner neuen Freundin und Lehrerin. Wie ein Riesenfragezeichen muss ich Kahana gegenübergestanden haben, als ich ihr die Tasche voller Bücher zurückgab. Sie befreite mich von meiner Last und nahm mich in den Arm: «Was hast du vor mit diesem ganzen Wissen, Barbra? Was soll dir Wissen nützen, wenn du deine *Aufgabe* nicht kennst, wenn du keine Vision und kein Ziel hast? Was nützt dir alles Werkzeug und Baumaterial, wenn du nicht weißt, *was* du damit erschaffen willst?

Sieh dir dieses Regal an. Du erinnerst dich: Bevor wir mit dem Aufbau begannen, hatten wir das dafür nötige Material und die passenden Werkzeuge. Wir wussten und konnten noch weiter lernen, mit beidem umzugehen. Doch ohne Vorstellung und Entwurf hätten wir irgendetwas zusammengezimmert, nur nicht das hier passende Regal, das wir zusammen fertig gestellt haben.»

Während sie weiter sprach, begann sie, den Büchern ihren neuen Platz zu geben: «Visionen haben ihren eigenen Ursprung – in Wünschen und Vorstellungen. Richte deine Aufmerksamkeit dorthin, wo das *Saatkorn* deiner Visionen liegt, und du wirst es zum Wachsen anregen. Du rufst es ins Leben, wenn du es angemessen nährst und pflegst. *Energie folgt der Aufmerksamkeit*, sie fließt immer dorthin, worauf du dich konzentrierst. Und Wachstum geschieht dort, wo Energie ist.

Die Pflanzen in meinem Wintergarten gedeihen besonders gut, wenn ich ihnen meine liebevolle Aufmerksamkeit schenke. Als ich erst mal gelernt hatte, meinen Pflanzen zuzuhören und zu verstehen, was sie zum Leben brauchen, dankten sie mir. Sie lehrten mich, eine Brücke zu bauen zwischen Gegenwart und Zukunft.

Sie lehrten mich, im gegenwärtigen Augenblick aus den unendlichen Möglichkeiten auszuwählen, um mein Leben jetzt zu gestalten und damit auch die Zukunft meiner inneren Weisheit vorzubereiten. Mit großer Geduld lehrten sie mich, bedingungslos zu vertrauen und *in mir* den Keim meiner Aufgabe zu nähren. Obwohl alle Pflanzen einen gemeinsamen, sie verbindenden Geist haben, so wählt doch jede ihren eigenen Weg, zu gedeihen, um ihren Traum von einem sich entfaltenden, prächtig gedeihenden Wesen lebendig werden zu lassen.

Ist es nötig, unseren Weg an die Spitze zu erkämpfen, oder können wir einfach dorthin gelangen, indem wir auf unserem Kurs bleiben?
SERGE KAHILI KING

Vernetzte Computer erleichtern dynamische Verbindungen zwischen den Menschen. Damit ließe sich auch das Wissen besser bereitstellen, verteilen und erneuern. Aber Technik ist nur Möglichkeit; die Zukunft braucht Individuen, die voneinander lernen wollen. Weltbürger, die in veränderlichen Netzen leben, für die der Austausch von Ansichten und Einsichten eine Lebensweise ist.
UWE JEAN HEUSER / GERO VON RANDOW

Das Geheimnis der Pflanzen ist leicht zu erklären: Sie wachsen, genau wie du, wenn sie zur rechten Zeit Nahrung aus Erde und Himmel erhalten und zur rechten Zeit in den Ruhezustand gehen. Meist sieht es für den Betrachter nicht so aus: Aber auch in den Zeiten der Ruhe und Erholung sind sie von Lebenskraft durchströmt. Auch dann sind sie mit allen Wesen der Schöpfung in Liebe verbunden. Ihre Freude im Sein bleibt in Zeiten des Wachstums und in Zeiten des Ruhens gleich.»

Was Kahana sagte, leuchtete mir ein. Doch mir fehlte offenbar die Vorstellung, wie ich all diese schönen Neuigkeiten in meinem so auf Funktionieren eingerichteten Leben umsetzen könnte. Wie sollte ich zu meiner Vision finden, meine Aufgabe erkennen? Ich stellte Kahana diese Frage. Skepsis lag in meiner Stimme.

Sie pustete Staub von einem Buch, das sie gerade ins Regal stellte: «Ich werde dir ein konkretes Beispiel geben: Einer meiner früheren Schüler war in denkbar schlechter Verfassung, als er das erste Mal zu mir kam. Er hatte zwei Bandscheibenvorfälle und Probleme mit seiner Haltung und seinem Bewegungsapparat. Als er mich aufsuchte, hatte er bereits eine medizinische Odyssee hinter sich. Doch an seinen Symptomen hatte sich nichts verändert. An manchen Tagen konnte er seine Gliedmaßen nicht mehr spüren; sie waren wie taub, ihm schien, als würden sie sich nur noch aus alter Gewohnheit bewegen. Auch auf geistiger Ebene spürte er keinen Halt mehr. Ebenso wie seine Arme und Beine schien seine Seele taub und stumm geworden zu sein. Notgedrungen richtete er sein Leben auf die immer größer werdenden körperlichen Einschränkungen ein, verlor schließlich seine Arbeitsstelle, zog sich immer mehr in seinen Kummer zurück.

Auf meinen Rat hin suchte er einen Arzt auf, der Heilung auf *allen Wesensebenen* anstrebt. Gleichzeitig begannen wir behutsam herauszufinden, was ihn bisher davon abgehalten hatte, ein gesundes Leben in Freude zu führen und dabei sich und andere mit seinen Fähigkeiten zu bereichern.

Wie bei einer Zwiebel schälten wir Haut für Haut, bis er schließlich erkannte, dass er seiner Aufmerksamkeit erlaubte, überall hinzugehen, wo Krankheit und Not war. Ständig lernte er Menschen kennen, die unter Mangel an Geld oder Liebe oder beidem litten, Menschen, die nicht mit sich und ihrer Welt in Fluss, in Bewegung waren. Er stimmte sich jedes Mal schnell auf die Schwingung dieser Menschen oder Umstände ein, bis es ihm schließlich genauso schlecht ging wie diesen Bekanntschaften.

Die gute Absicht hinter seinem Verhalten war, sich selbst zu beweisen, dass das, was er über das Leben *glaubte*, Wirklichkeit war. Doch als er nun entdeckte, dass hinter seinen negativen Glaubenssätzen ein großes Energiepotential steckte, konnte er damit anfangen, diese Energie von ihren negativen Botschaften zu befreien. Jetzt konnte er sie für sein *Wohlergehen* nutzen!

Seine erste praktische Übung war ganz einfach. Ich hatte ihm vorgeschlagen, er solle gleich beim Aufwachen beginnen, alles Schöne in seiner Umgebung zu *würdigen*, für das Gute zu *danken* und es zu *segnen*. Gleich, ob er der Sonne dankte oder seiner ersten Tasse Kaffee, seinem Computer, den Wolken oder den Menschen.

Zunächst hatte er einige Mühe damit. Doch er blieb einfach dran. Irgendwann hatte er erkannt, wie er das Einzigartige und die Schönheit in seiner Umgebung bisher unbeachtet gelassen hatte. Er konnte es kaum glauben. Und *jetzt* war sein ‹Versäumnis› nicht mehr wichtig. Dafür entdeckte er mehr und mehr den Wesenskern und die Absichten der *Dinge* und *Menschen* um sich herum. Nach einigen Wochen konnte er dazu übergehen, die Schönheit und Kraft seiner eigenen Person wahrzunehmen, ihnen zu danken und sie zu segnen.

Das tiefste Geheimnis ist, dass das Leben nicht ein Entdeckungsprozess, sondern ein Schöpfungsprozess ist. Du entdeckst dich nicht selbst, sondern du erschaffst dich neu. Trachte deshalb nicht danach herauszufinden, wer-du-bist, sondern trachte danach zu entscheiden, wer-du-sein-möchtest.
NEALE DONALD WALSH

Später berichtete er mir, dass diese Zeit für ihn eine wahre Entdeckungsreise war. Nun war sein Herz offen für neue Ideen, für neue Erfahrungen, die in sein Leben treten wollten. In dem Zustand des Sich-selbst-bewusst-Seins, blickte er auf sein Leben zurück und sah, welchen vergangenen Ereignissen er mit seiner Aufmerksamkeit *jetzt* noch einmal heilende Energie schicken konnte.

Er betrachtete die Schönheit dieser Welt mit den staunenden Augen eines Kindes. Mit der Zeit übernahm er wieder die ganze Verantwortung für sich und seinen Körper. Schließlich fand er eine neue Arbeitsstelle, und eine bessere dazu, wandte sich wieder in Liebe seiner Familie, seinen Freunden und seiner Arbeit zu.»

Noch während Kahana erzählt hatte, waren mir eine Handvoll Menschen aus meinem Freundeskreis in den Sinn gekommen, die genauso glaubten und handelten. Und ich selbst? Ging ich nicht ebenso mit höchst hinderlichen Glaubenssätzen durch mein Leben? Ich nahm mir im Stillen vor, Kahanas Übung aufzugreifen. Ich wollte jetzt damit beginnen, alles zu segnen, was sich in mir und um mich herum befand.

Wir begaben uns in ihren schönen, wilden Wintergarten und ließen uns zwischen Kräutern und Dschungelpflanzen nieder. Ich war mehr als neugierig zu hören, was Kahana weiter zu teilen hatte. Sie ermunterte mich, es mir gut bequem zu machen, meinen Körper bewusst zu entspannen und meinem Denken eine Erholungspause zu gönnen.

Nach einer Weile begann sie zu sprechen: «Einen Teil meiner Ausbildung zur Schamanin erhielt ich von einer Hebamme. Sie lehrte mich, nicht nur durch Worte, sondern vor allem durch Handlungen, meine Fähigkeiten zu entwickeln. Sie gab mir Gelegenheit, bei vielen Geburten dabei zu sein und zu helfen, neues Leben ins Licht der Welt zu begleiten und den Müttern zur gleichen Zeit das Loslassen zu erleichtern.

Diese Hebamme nahm sich einige Tage vor der jeweiligen Geburt immer Zeit für ein besonderes Ritual. Sie rief die werdende Mutter zu sich und bat sie, es sich bequem zu machen, sich zu entspannen und tief und ruhig zu atmen. Mit ihren heilenden Händen half sie ihr, die noch verbliebenen Spannungen zu verwandeln und die so entstehende Energie

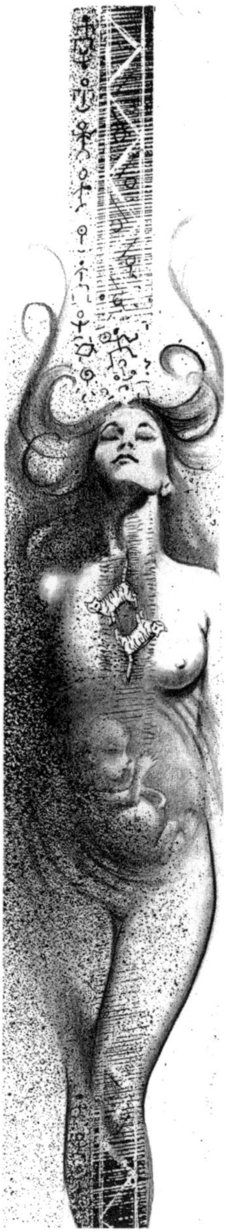

für sich und die neue Vorstellung von Leben zu nutzen. Während sie die Frau sanft in ihren Armen wiegte, erzählte sie ihr die folgende Geschichte – ich nenne sie die DRITTE REISE.»

Nimm dich wahr, wie du jetzt bist, schillernd und klar, strahlend wie ein Kristall in der Sonne. Spüre, wie du geborgen und sicher bist, während du gleichzeitig deinem Baby Geborgenheit und Schutz gibst. Lass dich tragen von der sanften Bewegung, die dich mehr und mehr zu dir und zu deinem Zentrum führt, bis du deine Aufmerksamkeit auf das neue Leben in deiner Mitte richten kannst. Nimm nun das Kind in dir in die Arme und wiege es ebenso sanft, wie du geschaukelt wirst. Du kannst spüren, wie sich die Energie eurer Herzen verbindet und im großen Kreislauf miteinander zu vibrieren und pulsieren beginnt. Vielleicht fühlst du schon jetzt die besondere Bereicherung, die sich dir auf ganz eigene Art offenbart.

Laß dich nun mitnehmen auf eine Reise, gemeinsam mit dem Kind in dir. Lasst euch gemeinsam vom Wind auf einen Berg tragen, fern von hier, auf dem Menschen leben, die genauso sind, wie sie tief in sich wirklich sind. Der Weg dorthin führt über eine Brücke, die euch leicht den Fluss überqueren lässt, hin zu jener Gemeinschaft von Menschen, die ihr Inneres leben und nichts sonst, die aus dem einzigen Grund hier leben, zu tun, was sie glücklich macht, und die Freude im Leben mehr werden zu lassen. Noch während der Überquerung der Brücke kannst du alle Gedanken, die noch nicht friedvoll sind, dem klaren, hellblauen Wasser des Flusses überlassen, um sie später, wenn ihr die Rückreise antretet, gereinigt und mit neuer Energie gefüllt, wieder mitzunehmen.

Gemeinsam mit dem Kind in dir kannst du nun die feinen Unterschiede fühlen. Spüre nach, wie es für dich ist, deinen Freunden wie auch der Freude entgegenzugehen und sie herzlich zu umarmen. Mit jedem neuen Atemzug fällt es dir leichter und leichter zuzulassen, dass sie dich und dein inneres Kind im Leben willkommen heißen.

Schau dich um im Kreise derer, deren Herzen offen sind und deren Energie ungehindert fließt. Vielleicht kommt dir der eine oder die andere bekannt vor, vielleicht sind es Freunde und Freundinnen, manche, die du schon lange kennst, vielleicht gehören sie bereits zu deiner Familie, vielleicht bist du auch erstaunt, Menschen hier zu treffen, die du bis heute mit anderen Augen gesehen hast. Im großen Kreis dieser Menschen siehst du nun auch dich selbst, mit deiner ganzen Kraft und Liebe, mit deiner Aufmerksamkeit und deiner Lebensfreude, die aus dir strahlt und dich umgibt. Und du kannst auch dein Kind sehen, das sich genau wie du entschlossen hat, ein Leben in Freude zu führen und zwischen allen Möglichkeiten frei auswählen zu können.

Du gehst nun gemeinsam mit deinem Kind in die Mitte dieses Kreises, wo die Stille und Ruhe am größten sind und der Herzschlag der Freude am stärksten pulsiert. Ein von allen Auserwählter tritt aus dem Kreis hervor, um zu deinem Kind zu sprechen. Er lobt und segnet es für alle seine Qualitäten und Eigenschaften. Er ruft das Ku *des Kindes und bittet es um seine ganze Aufmerksamkeit; denn er gibt dem* Ku *einen eigenen Namen, damit auch es seinen Platz in der Welt hat und sich in ihr ganz zu Hause fühlen kann. Danach ruft er das* Lono *des Kindes, damit auch dieses einen eigenen Namen empfangen kann. Er bittet beide, sich*

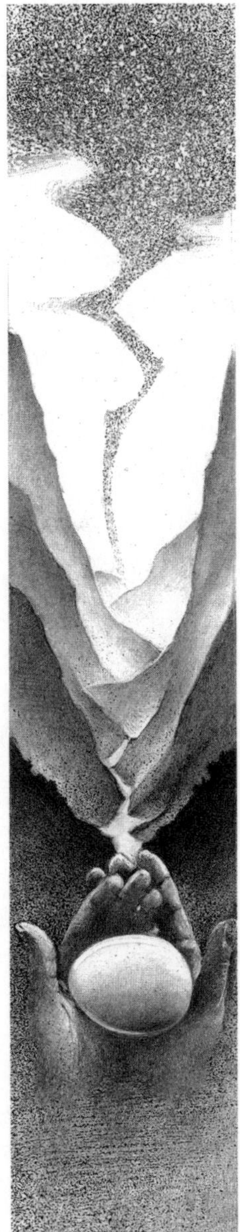

in Liebe zu verbünden – und in Frieden und Freude gemeinsam dem Kind zu helfen, seinen Lebensauftrag zu erfüllen.

Dann dankt er Kane *für die Verbindung zum Göttlichen, den Schutz, die Geborgenheit und die grenzenlose Freiheit und Fülle, die es bereithält. Und auch dir dankt er. Dafür, dass du mit deiner Liebe zu deinem Kind in dir ein Zeichen gesetzt hast. Dafür, dass durch dich ein weiteres Leben auf der Erde atmen kann. Und er dankt dir dafür, dass du hier bist und jeden Tag vermehrt das leben kannst, was das deine ist; das, was dich ausmacht – als einzigartige Person, die die Schöpfung bereichert.*

Auch du kannst dich nun bei allen bedanken, auch bei dir selbst! Und dann die Rückreise antreten, um – ganz in deinem Zeitmaß – wieder hierherzukommen und mit deiner Aufmerksamkeit ganz hier zu sein.

Während Kahana die Geschichte erzählte, hatte sie auch mich in den Armen gewiegt. Ihre warme Stimme hatte es mir leicht gemacht, mitzureisen und mich mitnehmen zu lassen zu den Menschen, die ihre Freude im *Sein* leben – und mit allen teilen. Als ich meine Augen öffnete, berührte sie mich sanft auf der Stirn: «Ich glaube, ich habe nicht gesagt, dass diese Hebamme nicht nur Kinder zur Welt brachte. Sie half jedem, der zu ihr kam, Männern wie Frauen, die bereit waren, etwas Neues, stets Einzigartiges zur Welt zu bringen – Ideen, Träume, Schöpferisches …

Ja, auch Gedanken, Wünsche, Träume und Pläne sind *lebendige Materie.* Je nachdem, mit wieviel Energie sie genährt sind, haben sie eine mehr oder weniger starke Verdichtung. Das macht ihre *anziehende Wirkung* auf die Welt aus. Was du aussendest – dein »Boomerang« – ist eine *Ausweitung deines Energiefelds,* deiner ‹Aura›. Manche Menschen können diese Energie *sehen* – ihre Form, die den Körper etwa wie ein auf den Kopf gestelltes Ei umgibt –, viele *spüren* sie einfach, oft ohne genau zu wissen, was auf sie wirkt, sie ‹magnetisch› anzieht. Du, ich, wir alle senden ständig »Boomerangs« aus, die gerade das anziehen, was wir ihnen jeweils mitgeben – und vermehrt, *potenziert,* zu uns, in den Traum, den wir ‹unser Leben› nennen, zurücktragen.»

Beginne ein riesiges, unsinniges Projekt, so wie Noah. Es kommt überhaupt nicht darauf an, was die Leute von dir denken.
RUMI

Das vierte Fenster:

Manawa. Der *Augenblick* des Wünschens

Abflug, Reise, Wiederkehr
– dem »Boomerang« ist alles jetzt.

VON DEN EHER ziellos vor sich hin plätschernden Tagen der Zeit vor jener ersten Begegnung mit Kahana hatte ich bereits Abschied genommen. Durch jedes Treffen mit ihr waren neue Gedanken, Perspektiven und Möglichkeiten in mein Leben getreten. Ich hatte ihnen allen, von kindlicher Neugierde getrieben, bereitwillig Einlass in mein Leben gewährt. Immer wieder hatte es mich erstaunt, wieviel Vitalität sie mitbrachten. Und mich zeitweilig gehörig durcheinander wirbelten.

Als ich nach einem ereignisreichen Arbeitstag heißes Wasser in die Badewanne einließ, folgte mein Blick dem dampfenden Strahl, der mit zielsicherer, physikalischer Gesetzmäßigkeit senkrecht auf den stetig ansteigenden Wasserspiegel aufprallte. Vom Punkt des Aufpralls breiteten sich die Wellen auf der gesamten Wasseroberfläche aus und bildeten eigenständige harmonische Muster. So gewöhnlich und so gewohnt dieser Anblick auch war, an diesem Tag kam es mir vor, als sähe ich dieses Schauspiel zum allerersten Mal. Ich nahm das Bild in mich auf.

Wir suchen ständig neue Millionäre.
ANZEIGE EINER LOTTERIE-ANNAHME

Wie der Wasserhahn beständig für Nachschub sorgte, um den Wasserspiegel ansteigen zu lassen, so gab auch Kahana mit der gleichen Selbstverständlichkeit wohldosiert und -temperiert ihr Wissen an mich weiter. Je länger ich auf die Wasseroberfläche schaute, um so klarer konnte ich darin symbolisch mein eigenes Spiegelbild erkennen.

Ich erkannte, wie ich selbst durch Kahanas ständig nachfließende Energie in Bewegung geraten war. Aus den Wellen und Mustern auf der Oberfläche konnte ich lesen, an welchen Stellen ich in harmonischem Gleichgewicht mit mir und der Welt war, wo sich Turbulenzen zeigten oder Widerstände regten. Je nachdem, welchen Blickwinkel ich wählte, veränderten sich meine Empfindungen. An manchen Stellen gelang es mir, mich von den sanften Bewegungen des fließenden Wassers tragen zu lassen, an anderen Stellen schien es, als wehrte ich mich gegen die kraftgeladene Energie, die auf mich einströmte. Welche Kraft war es, die meine inneren Widerstände weckte, die mich fragen ließ, ob es wirklich so einfach sei, einen Zustand von Glück, Zufriedenheit und Reichtum zu erreichen? Wie konnte ich den tiefsitzenden Glauben benennen, der mir einflüsterte, dass der Weg zu persönlichem Erfolg und Erfüllung hart und schwer sei?

> Das Jackpot-Fieber grassiert: 35 Millionen im Topf – und wieder träumen Millionen von einem anderen Leben.
> AUFMACHER «DIE WOCHE»

Diese Fragen nahm ich mit zu meinem nächsten Treffen mit Kahana. Sie hatte mich zum Tee eingeladen. Später fragte ich mich, was mich veranlasst hatte, zu glauben, Kahana hätte bereits den Tisch gedeckt, wir könnten einfach zusammensitzen und ein

> Wer wirklich leben will, der fängt am besten gleich damit an; wer das nicht will, kann's ja bleiben lassen, doch stirbt er dann.
> W. H. AUDEN

Plauderstündchen halten. Als ich eintraf, war sie in der Küche beschäftigt. «Du kommst genau zum richtigen Zeitpunkt, Barbra. Wir werden jetzt zusammen Cookies backen.»

Begeisterung wollte sich bei dieser Einladung nicht einstellen. Backen gehörte nicht zu meinen Lieblingsbeschäftigungen. Ich weiß nicht, ob man es mir ansehen konnte oder ob ihre Intuition sie leitete, als sie sagte: «Ich weiß, du hast dir gewünscht, schneller ans Ziel zu kommen. Aber ein Schamane ist auch immer mit sehr nützlichen, *handfesten Dingen* beschäftigt. Sie erinnern ihn daran, dass es verschiedene Welten gibt, in denen er sich bewegt. Es hängt von seinem Glauben, seiner Flexibilität und seiner Übung ab, wie schnell er sich zwischen den Welten hin und her bewegen kann.

Das Vergangene ist vergangen, die Zukunft ist ungewiss. Das Einzige, was zählt, ist der Augenblick. Eure Handlungen bestimmen eure Zukunft. Alles, was ihr unternehmt, wird in diesem oder im nächsten Leben auf euch zurückkomen.
SATHYA SAI BABA

Heute möchte ich dir etwas sehr *Praktisches* vorstellen. Du wirst überrascht sein, wie köstlich die Cookies schmecken, die wir zusammen backen werden. Gleichzeitig werden wir ein Ritual vollziehen, das dich einen großen Schritt näher zu deinem Ziel bringen wird. Es wird dich nähren und dir die Kraft schenken, dir deine Träume einzuverleiben. Und es wird dir zeigen, wie du in allen *vier Welten des Schamanen* zu Hause sein kannst.»

Die Aussicht auf ein schamanisches Ritual gefiel mir gut. Es ließ mich fast vergessen, dass ich zunächst so etwas Gewöhnliches wie Cookies backen sollte. Kahana lächelte verschmitzt, als sie Mehl und Zucker aus dem Vorratsschrank nahm: «Kein Zucker, keine Erleuchtung, sagte ein Freund von mir, der Koch in

Die Informationen des Tages werden so verarbeitet, dass Unwichtiges gelöscht, Wichtiges dagegen ins Langzeitgedächtnis übertragen und dort gespeichert wird. Als «wichtig» erfasst werden dabei vor allem Informationen, die in Verbindung mit Emotionen aufgenommen wurden.
FERNSEH-NACHRICHTEN (1998)

einem buddhistischen Kloster war. Und – es ging ihm mehr um die *symbolische Anwesenheit* des Süßen.» Sie holte weitere Zutaten. «Du kannst es dir jetzt bequem machen, Barbra, Stift und Papier holen und dir überlegen, welchen Traum du gerne realisieren würdest. Wenn er sich dir gezeigt hat, schreibe ihn auf. Ich werde inzwischen alles Weitere vorbereiten.»

Sollte das Backen der Cookies etwa das schamanische Ritual sein? Die Verwirrung, die sich in mir breit machte, ließ mich mechanisch Zettel und Stift aus meiner Tasche holen und aufschreiben: «Ich möchte eine Million Dollar in einer Lotterie gewinnen.» Kahana, die mir unbemerkt über die Schulter geschaut hatte, lachte schallend: «Ich hatte mich bereits gefragt, wann du mit dem *Millionenspiel* kommen würdest. Viele meiner ‹Nainoas› fragen gleich zu Beginn ihrer Teachings danach.»

Ich fühlte mich ertappt und versuchte stotternd meinen Wunsch zu rechtfertigen. Je mehr ich mich verteidigte, um so banaler kam mir dieses Bedürfnis nach dem großen Geld vor. Auf der anderen Seite hätte ich zu dieser Zeit zusätzliche Einnahmen äußerst gut brauchen können. In den letzten Wochen hatte ich meiner Arbeit weniger Zeit gewidmet als zuvor. Meine Agentur zahlte mir zwar ein wöchentliches Fixum, aber der Hauptteil meiner Einnahmen rührte aus Provisionen für Verkaufsabschlüsse. Und davon hatte ich in letzter Zeit nicht gerade viel verbuchen können. Ich hatte weniger als sonst gearbeitet und zudem weniger Energie investiert.

Kahana winkte ab: «Es ist völlig in Ordnung, sich zu dem inneren *auch äußeren* Reichtum zu wünschen. Bevor du einen solchen »Boomerang« auf die Reise schickst, solltest du ein paar Dinge wissen. Jeglicher Reichtum, den du herbeirufst, ist mit einer versteckten Bedingung verknüpft. Sie ist dem biblischen ‹Du sollst mit deinem Pfund *wuchern*› verwandt und heißt: ‹Wish your will – *drink your fill!*›. Oder: Wünsch dir was, und dann Augen zu und durch – egal, wie überwältigend oder auch abweichend von deiner Bestellung die ‹Lieferung› ausfallen mag!

Beantworte dir selbst ganz ehrlich diese Fragen: Bist du wirklich *bereit* für einen solchen Gewinn? Kennst du den *Preis* dafür, und bist du bereit, ihn zu bezahlen und das Nötige zu investieren? Kannst du *jetzt fühlen*, wie es ist, wenn du deinen Gewinn in Händen hältst? Was würdest du tun, wenn du ihn sofort, *hier und jetzt,* haben könntest?» Auf diese Fragen war ich nicht vorbereitet. Ich zögerte. Das Bild vom dampfend heißen Wasserstrahl und dem ansteigenden Wasserspiegel tauchte wieder in mir auf. Kahana schenkte Tee ein und setzte sich neben mich:

«Nun verrate mir noch, warum du dich gerade auf einen Lotteriegewinn begrenzen willst. Es gibt zahlreiche andere Möglichkeiten, wenn du dein Traumziel *wirklich* erreichen willst. Du könntest viel Geld auf der Straße finden, eine unverhoffte Erbschaft machen, deinen Traum-Mann treffen, der als Zugabe noch Millionär ist, oder auch selbst einen Topjob finden und darin zwanzig Jahre lang froh und zielstrebig auf deine Million hinarbeiten. Würdest du sie dann auch annehmen?»

Kahana sah mich lange an, bevor sie mich sanft in die Küche zog. «Lass uns etwas Praktisches tun, ehe dein Kopf rebelliert oder gar die Arbeit verweigert.» Noch immer Zettel und Stift in der Hand haltend, folgte ich ihr. «Diese Cookies sind einfach köstlich. Sie heißen *Macadamia-Träume.* Ganz passend für ein Ritual zur Verwirklichung deiner Wunschträume. Findest du nicht?»

Meine Abneigung gegen das Backen verflog schnell. Wie kaum anders zu erwarten, machte Kahana aus der gewöhnlichen Tätigkeit ein kleines Fest für die Sinne. Ich spürte, wie die Zutaten in meinen Händen zu Teig wurden, und genoss schon den Duft aus dem Backofen. Das erwähnte Ritual hatte meine Neugier gekitzelt, doch ich konnte noch warten. Die Cookies gelangen *spielend*, sie waren wirklich köstlich. Sie schmeckten wie früher Mutters allererste Weihnachtsplätzchen, die eigentlich noch niemand essen durfte, eben weil noch nicht Weihnachten war. Sie waren natürlich schneller verzehrt als all jene, die danach die Keksdosen füllten.

Neben dem Millionen-Lotteriegewinn-Wunsch war auf meinem Notizzettel noch Platz für das Rezept der *Macadamia-Träume*:

250 g Butter
125 g gesiebter Puderzucker
Mark einer Vanilleschote
2 TL Wasser
275 g gesiebtes Mehl
275 g feingehackte, leicht gesalzene Macadamianüsse

gesiebter Puderzucker zum Verzieren
Backofen auf 160 Grad vorheizen.

Butter und Puderzucker schaumig rühren. Vanillemark und Wasser dazugeben.

Mehl in die Buttermischung rühren, Nüsse hinzufügen und verrühren, so dass ein gleichmäßiger, bröseliger Teig entsteht. Daraus ca. 3 cm dicke Bällchen rollen und auf ein gebuttertes Blech legen.

Auf der oberen Schiene bei 160 Grad 20 Minuten backen.

Plätzchen zum Auskühlen auf einen Rost legen. Noch warm mit Puderzucker bestäuben.

Kahana schenkte mir an diesem Tag noch ein weiteres Rezept. Es begleitet mich bis heute und hat seinen festen Platz auf meinem «Speiseplan». Ich wende es immer dann an, wenn ich Wünsche oder Träume realisieren will.

Bei diesem Besuch übergab sie es mir auf ihre gewohnte Weise, indem sie mich einlud, es mir gemütlich zu machen, mich zu entspannen, meine Gedanken fließen zu lassen. Ich freute mich schon auf diesen

wunderbar entspannten Zustand. Sie geleitete mich auf meine VIERTE REISE:

Lass dich jetzt einfach von deinem Atem schaukeln und dich tiefer und tiefer fallen in diese entspannende Stille, die in dir zu Hause ist. Auf diese Reise kannst du heute Proviant *mitnehmen, etwas, das du gerne isst, etwas, das du genießen kannst und das dich nährt. Es kann eine besondere Frucht sein, ein ungewöhnliches Gebäck, ein Stück selbstgebackenes Brot oder etwas anderes, das dir gut schmeckt.*

Du entscheidest selbst, wann es für dich passend ist, in die Natur hinauszugehen, in deinen inneren Garten, *dorthin, wo es dir gut geht und du dich richtig wohl fühlst. Schau dich dort um, finde deinen Platz, und genieße all die Farben, die dir die Natur heute bietet. Vielleicht kannst du dort auch diesen besonderen Duft riechen oder den Wind rauschen hören oder die Wärme der Sonne auf deiner Haut spüren. Jetzt kannst du dein Unterbewusstes, dein* Ku *einladen, mit all seinen besonderen Qualitäten und Fähigkeiten zu dir an diesen Platz zu kommen, um* mit dir gemeinsam *das Ritual durchzuführen, einen ganz speziellen Wunschtraum in die Wirklichkeit zu begleiten.*

Vielleicht hast du bereits einen Wunschtraum mitgebracht. Oder vielleicht liegt er noch im Verborgenen. Dann lass nun einfach diesen Wunsch erscheinen. Möglicherweise taucht er aus dem Nebel auf. Es kann auch sein, dass er ganz plötzlich vor dir steht.

Gib nun diesem Wunschtraum eine sprachliche Gestalt, wandle ihn um in einen Satz, *der das am besten ausdrückt, was du dir wünschst. Achte darauf, dass dieser Satz*

positiv und in der Gegenwart formuliert ist. Erst wenn dieser Satz genau das aussagt, was du in deinem Leben manifestiert haben möchtest, schreibe diesen Satz auf, damit er bereits jetzt seinen ersten Schritt machen kann, in die erste Wirklichkeit. Nun bitte dein höheres Selbst Kane/ Aumakua darum, dass die Manifestation dieses Wunsches, der gleichzeitig auch dein persönliches Potenzial darstellt, zum richtigen Zeitpunkt und unter den richtigen Umständen erfolgen möge. Bitte weiter darum, die Erfüllung möge gleichermaßen dir und anderen Nutzen bringen und Gott dienen.

Dann hole deinen Wunsch aus deinem tiefen Inneren, dort wo er vielleicht schon lange im Verborgenen schlummert, sprich ihn laut und mit fester Stimme aus. Nimm nun die Frucht, das Gebäck, das Brot oder was immer du ausgewählt und dir als etwas Besonderes mitgebracht hast, in deine Hände. Dein Bewusstsein ist jetzt mit seiner ganzen Konzentration dort, außerhalb von dir – in der Welt. Und mit deiner ganzen Konzentration und Aufmerksamkeit übergib deinen Wunschtraum diesem Lebens-Mittel, dem Mittler des Lebens und Wünschens, der zu deinem persönlichen Energieträger wird. Jetzt.

Lass dir soviel Zeit, wie du brauchst, um nachzuspüren, wann genau der Wunsch aus dem Verborgenen ans Licht der Welt gekommen ist. Bleibe nun mit all deiner Konzentration dort, solange es sich für dich gut anfühlt.

Und dann kannst du allen danken, die dabei waren, um deinen Wunsch in die Verwirklichung zu begleiten, danken für die erfolgende Manifestation, die zur richtigen Zeit, am richtigen Ort auf die richtige Art und Weise durchgeführt wird. Du kannst die Erfüllung deines Wunsches als bereits *geschehen annehmen. Jetzt. Zum Abschluss nimm dein Lebens-Mittel, deinen während des Rituals mit deiner Energie* aufgeladenen *Wunschtraum-Mittler und* verzehre *ihn – mit allem Genuss.*

Nun weißt du, dass du dir auf diese Weise jeden ‹belichteten› Traum buchstäblich ‹einverleiben› kannst – immer wieder. Lass die neue Qualität sich in dir ausbreiten und dich anfüllen. Lass es einfach geschehen, und vielleicht bekommst du schon jetzt eine Ahnung davon, wie es ist, im Einklang zu sein, im Fluss zu sein. Als «Gefährte des Göttlichen», nach Vorstellung der Hawaiianer, als Kanaloa …

Ich weiß nicht, wie lange es gedauert hatte, bis ich wieder ganz zurück war. Im Haus von Kahana, auf dem Sofa, auf dem ich mich – vor Minuten (oder waren es Stunden?) – hingelegt hatte. Es muss die Sonne gewesen sein, die mir ins Gesicht schien, die mich wieder ganz wach werden ließ. Vielleicht war es auch Kahana, die im Hintergrund mit dem Geschirr klapperte. Etwas benommen war ich in die Küche getrottet, um ihr Gesellschaft beim Abspülen zu leisten.

«Du schreitest voran, Barbra», hatte sie mich ermuntert. «Ich glaube, du hast jetzt verstanden, dass schamanisch zu denken nur ein erster Schritt ist. Schamanisch zu *fühlen* ist der zweite Schritt, und schamanisch *handeln* der dritte. Die Gewissheit zu finden, dass das Universum *immer* unsere ‹Aufträge› erfüllt – und immer wieder auf seine eigene, souveräne Weise –, ist schließlich der vierte Schritt. Und wann es so weit ist, wann du mit deiner Reise beginnen willst, bestimmst allein du.»

Ich räumte die letzten beiden Teetassen in den Küchenschrank und sagte leise: «Jetzt. *Jetzt* will ich beginnen.»

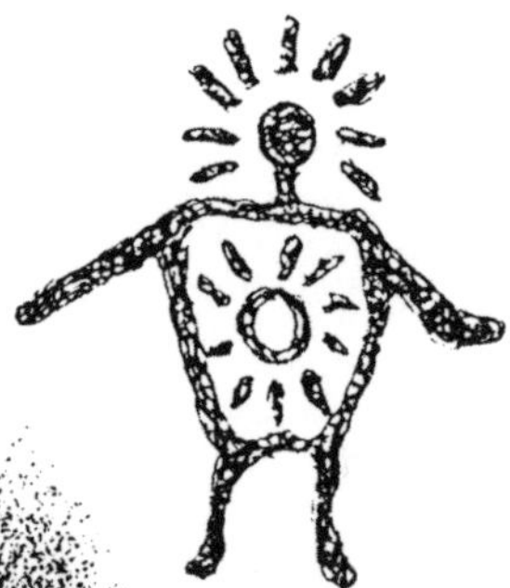

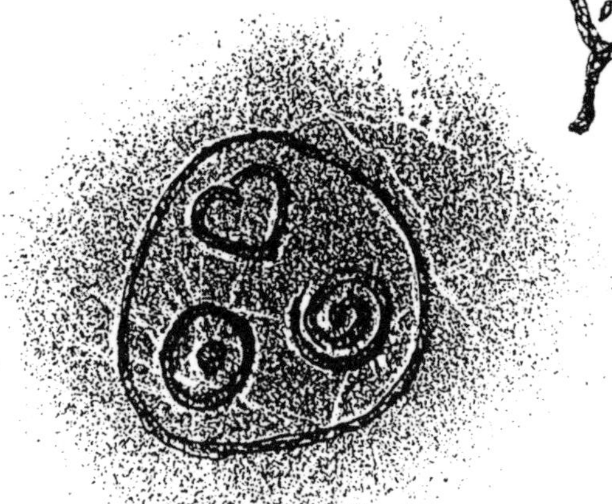

Das fünfte Fenster:

Aloha. Das *Herz* des Wünschens

Der beflügelte *»Boomerang«:*
glücklich sein und glücklich machen.

WIE FÜHLT SICH ein Schmetterling, während er sich aus seinem Kokon befreit? Braucht er Mut, um seine schützende Hülle zu verlassen, oder gilt sein Streben einzig und allein dem Ziel, nach draußen ans Licht zu gelangen?

Wäre ich ein Schmetterling, «wüsste» ich um meine Bestimmung, mich von der einen auf die nächste Stufe der Entwicklung zu begeben. Nichts wäre natürlicher, als von einer Raupe zum Schmetterling zu werden. Wäre ich eine Raupe, hätte ich keine Angst davor, mich dereinst in die Lüfte zu erheben und zu fliegen.

Nur, ich war weder Raupe noch Schmetterling. An diesem Samstagnachmittag wurde mir das schmerzlich bewusst. Ich saß hoch über dem Hudson im Park der mittelalterlichen Abtei *The Cloisters* und versuchte zu verstehen, was in meinem Leben gerade im Gange war. Ich streckte mich und betrachtete die Büsche und Bäume, die Gräser und Blumen und die Kräuterpracht des Klostergartens. Etliche Wespen versuchten mittlerweile, sich am Verzehr meines

Obstcocktails zu beteiligen, den ich offen neben mich ins Gras gestellt hatte. In diesem Moment beneidete ich sie, wie sie sich, von ihrem Bedürfnis nach Leben und Nahrung getrieben, einfach nahmen, was sich ihnen bot. Hätte ich mir eine ihrer vielen Fähigkeiten aneignen können, es wäre die Selbstverständlichkeit ihres Handelns gewesen.

Aber einmal antwortete ich *ja* zu jemandem – oder zu etwas. Von dieser Stunde her rührt die Gewissheit, dass das Dasein sinnvoll ist und dass darum mein Leben, in Hingabe, ein Ziel hat.
DAG HAMMARSKJÖLD

Ich hingegen fühlte mich nicht wie eine dieser Wespen, sondern eher wie eine seltsamer Schmetterling; einer, der nicht recht weiß, ob er lieber im Kokon bleiben oder hinaus in die Freiheit schweben soll. Mein altes Glaubenssystem war überholt; doch das neu entstehende Denken auch auszufüllen und von dort aus neu zu handeln, bedurfte noch einiger Übung.

In meinem Traum spielten zurückgebliebene Kinder, und eins der Mädchen kam auf mich zu. Mit seiner Lehrerin – ein offenes Gesicht, duftiges Haar. Zum ersten Mal vergaß ich jede Distanz. Ich nahm es in die Arme und drückte es an mich.
ROBERT BLY

Meine letzte Begegnung mit Kahana war erst ein paar Tage her. Seither lieferten sich die Gedanken in meinem Kopf wilde Wortgefechte. In gleichem Maße, wie meine Faszination für die Lebensgestaltung meiner Freundin wuchs, nahmen auch die Einwände zu. Ich konnte sie nicht ungeklärt vom Tisch wischen.

Wenn es wirklich so einfach sein sollte, Ereignisse zu schaffen oder in der Gegenwart die Zukunft zu verändern, war da nicht auch eine ungeheuerliche Macht im Spiel? Und wenn diese Macht – als wertfreie Energie – existierte und jeder sie ungehindert nutzen konnte, bestand dann nicht auch die Gefahr ihres Missbrauchs?

Kahana hatte ein für mich neues Bild der Welt gemalt, in dem Schöpferkraft, Macht, Fülle, Reichtum und Glück als eigenständige Farben existierten. Es stand jedem frei, diese kraftvollen Farben für sein eigenes Lebensszenario zu verwenden. Sie selbst ging wie eine Malerin damit um und mischte sie auf ihrer bunten Palette von Möglichkeiten des Ausdrucks, der Weiterentwicklung und der Vervollständigung. So geschickt sie beim Backen mit flinken Fingern kleine Köstlichkeiten zaubern konnte, so gewandt nahm sie auch ihr Leben in den Griff.

Verblüffend für mich war die Klarheit, mit der sie die Welt als einen gefüllten Vorratsschrank betrachtete, aus dem sich jeder bedienen konnte, um sich eine passende Mahlzeit zuzubereiten. Der Gedanke, dass nicht unbedingt jeder Mensch ein «guter Koch» sei, war dennoch nicht aus meinem Kopf zu verscheuchen. Was, wenn Menschen diese gefüllte Speisekammer nutzten, um in ihrer Giftküche ein teuflisches Mahl der «Macht über andere» zu kochen?

Stand es uns Menschen zu, die uns zugängliche Macht zu nutzen? Stand es mir zu? Wie albern und egoistisch kam mir mein unüberlegt geäußerter Wunsch nach meiner Million in diesem Licht betrachtet vor! Ich wollte auf keinen Fall Macht missbrauchen. Ich wollte auf keinen Fall etwas haben, das mir nicht zustand. Was brauchte ich noch, um zu glauben, ich hätte es verdient? Um Antworten auf diese Fragen zu finden, beschloss ich, das Ritual, das mich Kahana während der letzten Reise gelehrt hatte, selbst durchzuführen.

Zuerst gab ich den Wespen etwas von meinem Obstcocktail, damit ich ungestört sein konnte. Glücklicherweise wird man in New York nicht so schnell für verrückt gehalten, wenn man laut mit sich selbst spricht – schon gar nicht in öffentlichen Grünanlagen. Etwas schräg muss es ausgesehen haben, wie ich voll konzentriert im Schneidersitz da saß und auf einen Becher mit kleingeschnittenem Obst einredete. Um meine Einwände zu besänftigen, wählte ich einen bescheideneren Wunsch und stellte das Millionenspiel erst einmal zurück. Ich wünschte mir, irgendeinen Preis in einer Lotterie oder einem Gewinnspiel zu bekommen.

Während des Rituals, das ich genauso durchführte, wie ich es von Kahana gelernt hatte, spürte ich, wie mutig und kraftvoll mein Glaube an die Verwirklichung meines Wunsches bereits war. Ich fühlte mich tief in der Erde verwurzelt und gleichzeitig mit dem Kopf in den Wolken. Diese powervolle Erfahrung trug mich schwebenden Fußes nach Hause. Noch wusste ich nicht, wann, wo und wie sich mein Traum materialisieren würde. Wohl aber fühlte ich, dass es funktioniert hatte. Ich war neugierig,

In der darauffolgenden Nacht schenkte mir mein *Ku* einen Traum. In diesem Traum war ich Inhaberin eines kleinen Catering-Unternehmens, das sowohl Firmen wie private Haushalte mit gesunden Lebensmitteln belieferte. Das Unternehmen war erfolgreich am Markt, es prosperierte. Ich hatte ein Incentive-Programm eingeführt, das meine Mitarbeiter motivieren sollte, ihre Fähigkeiten einzubringen und mit Freude zum Erfolg des Unternehmens beizutragen. Einige Wochen später äußerten einige meiner Angestellten Unzufriedenheit. Sie beschwerten sich heftig, dass sie nicht genügend Wertschätzung erhielten, dass nur die Köche und das Servicepersonal Lob und Anerkennung ernteten. Ich war wie vor den Kopf gestoßen und hörte mir fassungslos die Klagen meiner Angestellten an. Schweißgebadet erwachte ich aus meinem Traum. Den Rest der Nacht lag ich wach und ratlos im Bett.

Kahana telefonisch zu erreichen gelang mir erst einige Tage später. Ich schüttete ihr mein Herz aus und erzählte ihr meinen Traum. Ihre warme Stimme tat mir gut: «Wenn du möchtest, kannst du dich jetzt bei deinem *Ku* bedanken, denn es hat dir bereits die Antwort auf deine Fragen und Einwände zum *Gebrauch der Macht* gegeben. *Ku* ‹spricht› nicht oft. Und wenn es spricht, hören wir häufig nicht hin. Es spricht in Bildern, die plötzlich vor unserem inneren Auge auftauchen, oder es produziert Versprecher, um uns auf Dissonanzen im Lied des Lebens aufmerksam zu machen. Und es schenkt uns Träume. Dein Traum enthält die Antwort.

Solange du nicht alle deine Wesensanteile annehmen und wertschätzen kannst, so lange bleibt *Macht* ein gefährliches Wort, das – verständlicherweise – Angst vor ihrem Missbrauch keimen lässt. Offenbar liebst du nicht alle deine Wesensanteile. Auch Macht gehört zu deinem Wesen!

Deine Einwände gegen den Gebrauch von Macht wollen dir etwas Wertvolles sagen. Höre auf sie. Wenn du auch sie achtest und mit Respekt behandelst, werden sie dir sagen, welche guten Absichten sie verfolgen. Wenn du ihr Rufen ignorierst, werden sie nicht nachlassen, dich immer wieder daran zu erinnern. Wir können stolz auf unsere Einwände sein, sie sind wahre Meister in Beharrlichkeit und Ausdauer.»

Ich verstand, dass in meinem Traum die Angestellten meine Wesensanteile symbolisierten. Noch nicht verstanden hatte ich, was der Traum mit Macht zu tun haben sollte. Kahanas Geduld war ebenso ausdauernd wie meine Einwände: «Was du säst, wirst du ernten. Du musst nicht Agrarwissenschaftlerin sein, um zu wissen, dass du Weizen nur ernten wirst, wenn du Weizen säst. Wenn du Roggen säst, wirst du Roggen ernten. Wenn im Saatgut des Wünschens *Angst* den Kern bildet, was glaubst du, was wachsen wird? Wenn *Liebe* der Keim des Wünschens ist, wird die Angst keine Chance haben; Liebe wird das Licht und die Nahrung zum Wachsen sein.

Alles, was du ausstreust, wird wachsen und gedeihen. Ob Unkraut oder duftende Blumen. Es liegt ganz in deiner Macht. Und natürlich deiner Liebe.» Als könnte sie mein zögerliches Lächeln am Telefon sehen, fragte sie mich: «Nickt jetzt nur dein Kopf, oder ist dein Herz auch schon dabei?» Ohne meine Antwort abzuwarten, sprach sie weiter:

Hier ist mein Geheimnis. Es ist ganz einfach: Man sieht nur mit dem Herzen gut.
ANTOINE DE SAINT-EXUPERY

«Ich erzähle dir noch eine Geschichte aus dem ‹wahren Leben›. Du hast vielleicht schon von Jane Goodall gehört, der Tierforscherin. Sie lebte 30 Jahre lang mit Schimpansen im Urwald, um deren Lebenssystem zu erforschen. Als ihr klar wurde, dass es keine Tiere mehr zu erforschen gäbe, wenn der Zerstörung der Natur nicht Einhalt geboten würde, gründete sie ein Umweltschutz-Netzwerk für Jugendliche, das sie ‹Roots & Shoots›, Wurzeln und Sprossen, nannte.

Vor kurzem sollte sie einen Vortrag in einer Highschool in Los Angeles halten, an der Gewalt unter den Jugendlichen zur Tagesordnung gehört. Man hielt es für nötig, Jane durch die Polizei eskortieren zu lassen. Um ihre Sicherheit zu gewährleisten, waren die jungen Zuhörer zuvor auf Waffen durchsucht worden. Jane ging unbeirrt ans Rednerpult, setzte ihren Stoffschimpansen darauf und begann, aus ihrem Leben zu erzählen. Sie sprach von ihrem Traum, den sie träumte, als sie so alt war wie ihre Zuhörer heute. Und wie sie damals, in der Nachkriegszeit, von allen ausgelacht wurde, als sie ankündigte, sie würde einmal als Forscherin in Afrika bei den Affen leben, wo sie doch weder Geld noch ein Studium hatte. Die mehr als 1.500 Schüler hörten ihr aufmerksam zu.

Eines Tages, wenn wir die Kräfte des Windes, der Gezeiten und der Schwerkraft gemeistert haben, werden wir uns die Kraft der Liebe nutzbar machen. Dann wird der Mensch zum zweiten Mal in seiner Geschichte das Feuer entdecken.
TEILHARD DE CHARDIN

Einige Wochen später kam sie an die Schule zurück und sah, dass die Jugendlichen ihren Schulhof wieder hergerichtet und die Begrünung erneuert hatten.» Kahana hielt einen Moment inne, bevor sie mich fragte: «Genügt dir das, oder brauchst du noch eine Geschichte?»

Nein. Ich brauchte keine weitere. Mir fielen genügend Beispiele ein, die ebenfalls bewiesen, dass es genauso funktioniert. «*Macht* und *Liebe* sind Zwillinge und *pure Energie*. Erst zusammen wird daraus ein Paar Schuhe», hatte Kahana noch gesagt, «und es braucht *beide* Schuhe, um als *ganzer Mensch* auf dieser Erde herumzuspazieren.» In diesem Moment hatte auch mein Herz verstanden. Mehr als sonst freute ich mich auf unser nächstes Treffen.

Was ich bei all der Vorfreude nicht wusste, war, dass zu diesem Treffen drei weitere Schüler von Kahana eingeladen waren. Mein Erstaunen, als mir Paul anstelle Kahanas die Tür öffnete, war mir ins Gesicht gemalt. Erst in diesem Moment fiel mir auf, dass ich bisher nie darüber nachgedacht hatte, dass Kahana andere Schüler haben könnte. Der Gedanke, sie mit anderen teilen zu müssen, fühlte sich unbehaglich an. Noch ohne die anderen zu kennen, begann ich, mich mit ihnen zu vergleichen. Waren sie besser oder schlechter als ich? Waren sie weiter, oder hatten sie gerade erst angefangen, Kahanas Lebenskunst zu lernen?

Die natürliche Wärme und Zuwendung, die mir alle drei vom ersten Augenblick an entgegenbrachten, nahm meinem Missfallen allen Wind aus den Segeln.

Roberto war ein ruhiger, besonnener Mann von ungewöhnlicher Körpergröße. Er beschrieb sich selbst als zwischen zwei Meter zwei und zwei Meter sechs, je nachdem, zu welcher Tageszeit man ihn fragte. Er sei Börsenmakler, nicht Basketballspieler, betonte er, während er mir seine riesige Hand zum Gruß reichte. Lynn dagegen war eine fröhliche, quirlige Person mit Augen, aus denen zu jeder Tages- und Nachtzeit die Sonne hervorblitzte. Die kranken Kinder, die sie als Ärztin versorgte, konnten sich bei ihr täglich mit guter Laune und einem unnachahmlichen Lachen anstecken lassen. Ihre kleine Statur erlaubte ihr, an Robertos ausgestrecktem Arm Klimmzüge zu machen.

Paul war ein rothaariger, mit Sommersprossen übersäter New Yorker irischer Herkunft. Der Schalk hatte nicht nur einen Dauerplatz in seinem Nacken, sondern auch seine ganze, große Familie mitgebracht. Er behauptete zwar, es handele sich dabei nicht um Familie Schalk, sondern um seine kleinen, meist unsichtbaren Helfer, ohne die er als Streetworker in der Bronx bis zum heutigen Tag sicher nicht überlebt hätte.

Der andere muß die Möglichkeit haben, sich unabhängig zu entwickeln und unabhängig und allein die richtigen Schritte zu tun. Das ist wichtig und gilt für jeden und überall.
GERNOT BRÜCKNER

Während der ersten Stunde unseres Zusammentreffens hatten wir mehr Ähnlichkeit mit einer Hühnerschar als mit einer Gruppe wacher Schamanenschüler. Bis Kahana den giggelnden Haufen mit neuem Futter zur Ruhe brachte. Sie wollte uns heute in die *vier Welten des Schamanen* einführen. Und weil es, wie sie sagte, nach ihrer Beobachtung einfacher sei zu lernen, wenn man konzentriert und gleichzeitig entspannt sei, lud sie uns zu einer gemeinsamen Reise in diese vier Welten ein.

Dazu stellten wir uns im Viereck auf, jeweils etwa eine Armlänge voneinander entfernt. Vor jeden von uns legte sie einen Zettel mit den groß daraufgemalten Ziffern eins bis vier, um die Plätze der vier Welten zu symbolisieren. So ging ich auf meine FÜNFTE REISE:

Wenn ihr nun euren Atem wahrnehmt und ihn einfach fließen lasst, so wie euer Gespräch vor ein paar Minuten einfach und leicht dahinfloss, und die Augen dabei schließt, könnt ihr vielleicht den Rhythmus hören, der euren Atem führt; könnt die Liebe spüren, die euer Herz schlagen lässt; könnt die Energie fühlen, die euch in Lebendigkeit pulsieren lässt. Vielleicht könnt ihr jetzt auch die Macht spüren, die schon dabei war, als ihr Vorhaben oder Handlungen von Liebe habt begleiten lassen. Nehmt diese Energien, die Liebe, die Macht und was für euch noch wichtig ist, mit auf die Reise in die vier Welten.

Barbra ist jetzt auf dem Platz der ersten Welt. Das ist die Welt, die wir gewöhnlich die reale oder objektive Welt nennen. Es ist der Platz, an dem jede Handlung einen Anfang und ein Ende hat, dort, wo jede Wirkung eine Ursache kennt. Die Welt, in der wir Autos sehen oder Bäume, einen Bach rauschen hören oder Musik aus dem Radio, in der wir in Turnschuhen zur Arbeit gehen oder die Erde unter unseren Füßen spüren können.

Roberto nimmt gerade den Platz der zweiten Welt ein, die wir die subjektive nennen. Sie erlaubt uns, nicht nur mit Menschen zu kommunizieren, sondern auch mit Tieren, Pflanzen und der gesamten Schöpfung. Es ist die Welt, in der wir mit Bäumen, Meeren, Wind, Wolken oder unseren Computern reden. Und egal, wen oder was wir fragen, wissen wir, dass wir Antworten erhalten werden. Wir sehen fließende oder blockierte Energien und können Einfluss nehmen auf eine positive Veränderung. Egal, ob in der Vergangenheit, der Gegenwart oder der Zukunft.

Lynn ist nun auf dem Platz der dritten Welt; der symbolischen Welt oder Traumwelt, in der wir klar erkennen können, dass alle Begebenheiten und Ereignisse Teil eines allumfassenden Musters, eines großen Plans sind. Ein Lebensraum, in den wir bewusst eintreten können, um Veränderungen vorzunehmen. Der Baum, den wir sehen, ist vielleicht Symbol für Stärke und Zentrierung; der plätschernde Bach mag uns sagen, dass wir mit Leichtigkeit und Humor unseren Weg durchs Leben gehen können oder mit Beharrlichkeit auch den härtesten Stein zu glätten vermögen.

Und Paul steht jetzt in der vierten Welt, die wir auch die holistische, die ganzheitliche nennen. Es ist die Welt des Seins, wo wir sind, was wir sind, und auch alles sein können. Dort, wo wir als Pflanze spüren können, wie das Licht der Sonne Chlorophyll in nutzbringende Energie verwandelt. Als Bach uns freuen können, unzähligen Regenbogenforellen Heimat zu geben, oder als Regen Nahrung für Pflanzen spenden. Oder als Computer stolz auf unser gigantisches Gedächtnis oder unsere schnelle Art der Informationsverarbeitung sind.

Und nun kann jeder von euch in eine andere Welt als die eintauchen, in der er sich gerade befindet. Während ihr die Plätze wechselt, um etwa von der ersten Welt in die zweite Welt zu gehen oder von der zweiten in die dritte oder von der dritten in die vierte oder von der vierten in die erste Welt, spürt ihr vielleicht schon beim ersten Schritt, wie einfach und leicht es ist, zwischen den Welten zu wechseln und sich flexibel zwischen allen Systemen zu bewegen. Und vielleicht nehmt ihr schon jetzt wahr, wie sich die besonderen Qualitäten der jeweiligen Welten verändern und welche unterschiedlichen Bedeutungen sie in eurem Leben haben.

Um glücklich zu sein, reicht es nicht aus, ein Leben voll exzellenter Leistungen zu führen. Entscheidend ist, dass man glücklich ist, während man etwas tut, das die eigenen Fähigkeiten erweitert und einem dabei hilft, sich weiterzuentwickeln und sein Potenzial auszuschöpfen.
MIHALY CSIKSZENTMIHALYI

Die Musik von *M-People*, die Kahana an dieser Stelle auflegte, bewegte unsere Körper wie unsere Herzen: «Search for the hero inside yourself, search for the secrets you hide, search for the hero inside yourself, until you find a key to your life ...»

Wir begannen zu tanzen, ohne uns in diesem Moment bewusst zu machen, dass wir dabei die vier Welten durchquerten, uns fließend in und zwischen ihnen bewegten und sie uns aneigneten und teilten, als hätten wir nie etwas anderes getan. Wir merkten auch nicht, dass der Fußboden und die Gläser auf dem Tisch mit uns tanzten oder die Fensterscheiben den Refrain mitsangen. Mir allerdings fiel etwas auf: Ein Glücksgefühl hatte sich bei mir eingestellt. Ich war leicht und froh, die anderen kennen gelernt zu haben. Selbst wenn wir uns nicht mehr wiedersehen sollten, war da eine Verknüpfung von Lebensfäden. Wir teilten diesen Augenblick von Intensität miteinander und – eine «gute Fee»! Mein Gedanke an Konkurrenz mit anderen Schülern kam mir vor wie aus einer fremden Welt, einer Welt, von der jetzt nicht mehr die Rede war.

Bevor ich vergesse, es zu erwähnen: Mein Wunsch, den ich in meinem ersten Ritual in die Umlaufbahn der Erfüllung geschickt hatte, verwirklichte sich. Ich gewann bei einer Wohltätigkeitsveranstaltung. Allerdings in etwas anderer Form, als gedacht. Mein Gewinn war ein Computer, ausgerechnet! Gerade vor zwei Wochen hatte ich mir ein neues Modell angeschafft. Hatte ich bei meinem Ritual etwas versäumt oder falsch gemacht? Was sollte ich jetzt damit?

Erfolg ist nicht der Schlüssel zum Glück. Glüchlichsein ist vielmehr der Schlüssel zum Erfolg. Wenn du liebst was du tust, wirst du erfolgreich sein.
HERMAN CAIN

Als ich bereits auf halbem Weg war, mich über diesen «blödsinnigen» Gewinn zu ärgern, kam mir meine Mittänzerin Lynn in den Sinn. Sie arbeitete doch noch ehrenamtlich in einer Einrichtung für seelisch kranke Kinder! Das Büro dort konnte einen neuen Computer gut gebrauchen …

Erst später entdeckte ich, dass das Weitergeben meines Gewinns tatsächlich mit *beiden* Zwillingen des Paares Liebe und Macht zu tun hatte. Und ich konnte mir nun in Ruhe anschauen, was entsteht, wenn beide zusammenspielen – gleichberechtigt, gleich gewürdigt und in einem harmonischen *Miteinander*.

Das sechste Fenster:

Mana. Die *Macht* des Wünschens

Was den »Boomerang« wirklich fliegen lässt.

DAS VON DEN Kindern selbst gestaltete Bild, das mir Lynn im Namen der Kinder einige Tage nach Übergabe des Computers zukommen ließ, verlangte einen gebührenden Platz, an dem es seinen Zauber verbreiten konnte.

Es zeigte die in Farben getauchten Fingerabdrücke der Kinder, die sie mit ein paar Pinselstrichen für Schnäbel, Füße und Federn in bunte Paradiesvögel verwandelt hatten. Unter jedem Vogel stand, in meist wackeliger Schrift, der Name des jeweiligen Kindes. In einer kindlichen Schönheit, die mir bislang verborgen geblieben war, ergaben alle Vögel gemeinsam ein Bild von Vielfalt, Lebendigkeit und Reichtum.

Ich wusste von Lynn, dass viele dieser Kinder sich aufgrund ihrer derzeitigen psychischen Einschränkungen bis vor kurzem nicht mit der Außenwelt hatten verständigen können. Das zu glauben fiel schwer beim Anblick des Bildes, das nun die Wand vor meinem Schreibtisch belebte. Im Gegenteil, ich fragte mich, auf welcher Seite der von jedem Menschen selbst gesteckten Grenzen mehr Einschrän-

Macht kommt aus den Emotionen – die Macht, Liebe intensiv zu erfahren, eine Verbindung zu Gott zu fühlen, deinen Auftrag zu erfüllen, aus der Fülle zu schöpfen, die Wahrheit zu kennen und auszudrücken und einen gesunden Körper zu behalten.
KIMBERLY MAROONEY

kungen das Leben beeinflussten: auf der vermeintlich «normalen» oder auf der vermeintlich «verrückten» Seite.

Der Dank dieser Kinder hatte mehr als nur Fingerabdrücke in meinem Herzen hinterlassen. Je öfter mein Blick auf ihr Bild fiel, um so klarer wurde dies. Es hatte meinem Handlungs- und Erlebensspektrum neue Farben und neue Qualitäten hinzugefügt.

Macht erleben und nutzen erfuhr durch dieses Ereignis von Nehmen und Geben eine neue Dimension. Ein Bild von unsichtbaren, vernetzten Systemen tauchte vor meinem inneren Auge auf. Macht war etwas, das ich zuvor als ein Instrument betrachtet hatte, welches ausschließlich außerhalb meiner Person benutzt wurde. Politiker hatten Macht, die Gesellschaft, die Regierung, Führungsspitzen in Wirtschaft und Verwaltung und viele andere. Eigentlich alle Menschen – außer mir. So war es mir bislang erschienen.

Wann wirst du dich daran erinnern, wer du bist, und deine Kraft und deine Naturhaftigkeit entfesseln? Das Leben ist eine Abenteuerstory, und du selbst schreibst sie. Erlaube dir, deine Lebensgeschichte umzuschreiben, aus einer völlig neuen Perspektive.
KAY SNOW-DAVIS

Was mir Kahana bisher vermittelt hatte, hatte ich leicht und einfach umsetzen können. Die einzelnen Bausteine hatte ich sinnvoll in mein Leben integrieren können. Jeder hatte für sich ganz eigene, interessante Auswirkungen gehabt. Die Gesamtheit der Erkenntnisse erlebte ich nun in einem anderen Licht. Je mehr ich mich *selbst ermächtigte*, Einfluss auf Ereignisse zu nehmen und positive Veränderungen aktiv mitzugestalten und zu formen, um so klarer begriff ich das Wesen des Schamanentums, vor allem des hawaiianischen.

Ich hatte durch und mit Kahana all diese Fenster geöffnet, eins ums andere. Es erinnerte mich an jene Adventskalender aus meiner Kindheit, die auch immer neue Überraschungen für mich bereithielten. Ich mußte schmunzeln. Meistens ist von *Türen* die Rede, wenn wir irgendwo *hindurch* gehen, auch wenn es «nur» symbolisch ist. Aber hatte es nicht den Reiz des Abenteuers, zur Abwechslung zu «fensterln», durchs *Fenster* zu steigen und die allersüßesten Früchte zu entdecken und zu kosten? *Juchuuu!*

Zwei Fenster «fehlten» mir jetzt noch. Kahana hatte einmal angedeutet, dass das siebte Fenster offenbaren würde, was die ersten sechs mir wirklich gebracht hatten – ein *Prüfstein*, an dem sich zeigte, wie es nun weiterging: so, oder so, oder ganz anders. Da war ich richtig neugierig. Durch das sechste Fenster, MANA, hatte ich ja einen ersten Blick werfen können: auf meine *Macht* – die Kraft aus meiner inneren Quelle, aus der allein ich *wirke*, *bewege* und meine Welt *gestalte*. In Verbindung mit Liebe, weil Macht ohne Liebe wie auch Liebe ohne Macht nur verkümmerte Existenzformen sind: *lieb-los* und *ohn-mächtig*. Nachdem ich wieder in Kontakt mit der Liebe in mir gekommen war, würde ich mir nun erlauben, die Macht zurückzurufen, die ich irgendwie verloren oder einfach weggegeben hatte. Es fühlte sich nach *Richtig-erwachsen-Werden* an …

Ich ließ kurz die bereits geöffneten Fenster Revue passieren: IKE zeigte mir, dass ich die Welt so erlebe, wie ich sie zu sehen *wähle*; KALA, wie ich mit «Grenzen» experimentieren, mit ihnen spielen, sie *in mir* auflösen kann; MAKIA, wie Energie – auch die zur Verwirklichung der Wünsche – immer dorthin fließt, wohin ich meine Aufmerksamkeit *richte*; MANAWA, dass alles immer nur *jetzt* geschieht – auch das Erinnern der Vergangenheit oder das Vorstellen der Zukunft – und dass es *jetzt* in meiner Macht steht, zu tun oder zu lassen, was für mich eben zu tun oder zu lassen ist; und dann ALOHA! Es zeigte mir, wie Liebe dann fließen kann, wenn ich mit mir und der Welt im Reinen bin – wenn ich immer erst mein eigenes Glück *nähre*: So ungefähr stand es schon in der Bibel. War Jesus womöglich Hawaiianer? Und seit ich Kahana kenne, entdecke ich immer öfter lebendige Beispiele für dieses «Lieben heißt vor allem: *glücklich sein* – mit dir wie mit dem ‹Ziel› deiner Liebe ...»

Ganz offensichtlich hatten sich meine Investitionen gelohnt. Die Aufmerksamkeit und Energie, die ich meiner persönlichen Entwicklung geschenkt hatte, zahlten sich aus. Auch die Energie in Form des Honorars an Kahana war, ein echter »Boomerang«, zu mir zurückgekehrt – mit einem «Zinssatz», der weder in Immobilien oder Antiquitäten noch an der Börse zu realisieren gewesen wäre. Ich hatte die beste Anlageform für mein Geld gewählt: *mich selbst*.

Die Flugrichtung meiner Gedanken – und somit meines Handelns – hatte eine entscheidende Wende genommen. Genauso viel Macht und Einflussmöglichkeit wie ich besaßen ja auch alle anderen Menschen! Die Abwesenheit von Zweifeln – bei gleichzeitiger Anwesenheit von innerer Autorität – machte den Unterschied zwischen wenig erfolgreicher und wirklich erfolgreicher Lebensgestaltung.

Schritt für Schritt bewegte ich mich mit diesen Gedanken und Erkenntnissen in eine andere Welt, die ihr Erscheinungsbild einfach durch die Tatsache veränderte, dass ich sie neu definierte und ihr einen anderen Rahmen gab. Die Grenzen, die mir früher als gegeben und damit als unverrückbar erschienen waren, lösten sich augenblicklich in nichts auf, wenn ich sie als wenig förderlich erkannte. Ich verschob Grenzlinien oder entfernte sie gänzlich, wenn ich mir größere Wirkung davon versprach. Mit zunehmender Übung lernte ich mehr und mehr, meine Aufmerksamkeit so zu bündeln, dass eine starke Energie entstand, die ich auf ein klares Ziel richten konnte. Ich fühlte mich wie Luke Skywalker im *Krieg der Sterne*. «Go with the force!» lautete sein innerer Befehl, mit dem er sich selbst *ermächtigte*, eine Vision von Frieden, Freude und Harmonie in die gelebte Gegenwart zu bringen.

So zu tun, «als ob» das Ziel bereits erreicht wäre, und somit «zurück in die Zukunft» zu gehen, brachte *Power* zurück in meine Gegenwart. Zurück in die *einzige* Zeit, in der Veränderungsprozesse stattfinden und *Wirkung begründet* wird. Es mehrte mein Gefühl von Glück und Zufriedenheit, *Liebe* mit meinen »Boomerangs« auszusenden und mit Zuversicht und Neugierde auf die Rückkehr von Liebe zu vertrauen, die – in welcher Gestalt auch immer – stets eine Bereicherung brachte. Dieses Gefühl war mir in dieser Intensität zuvor nicht bekannt. Es schien aus größeren als den mir bislang zugänglichen Quellen gespeist.

So schnell diese Gedanken durch meinen Kopf tanzten, neue Formationen und Verbindungen bildeten, um so lebendiger wurden die Bilder und die Gefühle, die den Raum in mir und um mich herum füllten. Das Klingeln des Telefons unterbrach diese Turbulenz.

«David, alter Freund», rief ich aus, «ich hatte mir schon gedacht, dass du bald anrufen würdest. Es war an der Zeit, dass du dich mal meldest! Ich wusste nur nicht, dass meine Gedanken mit Lichtgeschwindigkeit fliegen können.»

«Hört sich so an, als hättest du dich im schamanischen Haus schon gut eingerichtet», lachte er.

So frisch meine neuen Einsichten von Sinnzusammenhängen und Vernetzungen waren, so rasch wollten sie in Sprache transformiert werden. Mit anderen Worten: Mein Herz war voll, und mein Mund lief über – es sprudelte geradezu aus mir heraus. Ich redete drauflos, bis David mich stoppte. «Wie wäre es, wenn wir deine neuen Entdeckungen persönlich teilen, anstatt am Telefon, Barbra? Ich bin heute abend in der Stadt, und Kahana lädt uns ein, zu ihr zu kommen.»

Wir verabredeten uns an der Grand Central Station, tranken dort noch einen Kaffee im Stehen und tauschten erste Neuigkeiten aus. Wir hatten nur wenige Monate nichts voneinander gehört, aber in dieser Zeit war sowohl bei David als auch bei mir ungeheuer viel passiert. Unser Mitteilungsbedürfnis war enorm. Fast hätten wir darüber die Bahn verpasst, die uns zu Kahana bringen sollte.

Dass wir dennoch pünktlich ankamen, war einem neugewonnenen Zeitgefühl zu verdanken, das uns unter anderem ermöglichte, in weniger Zeit mehr zu erledigen. Ein fabelhafter Nebeneffekt des Reisens in den schamanischen Welten, wie wir in unserem weiteren Gespräch in der Subway feststellten. Kahana empfing uns mit warmem Herzen und heißem Tee.

Mit einem Schmunzeln unterbrach sie unsere nicht enden wollende Unterhaltung. «Walk the talk! *Erfahrt*, was ihr redet. Kommt, macht es euch bequem. Ihr seht euch noch öfter. Lasst uns jetzt weitergehen. Für dich, Barbra, ist dies das vorletzte Fenster. Du wirst dir hier die meisten deiner noch offenen Fragen beantworten können. Also, macht euch bereit und begleitet mich. Meine Art des Reisens kennt ihr ja.»

David seufzte vor Wohlbehagen, als er sich auf der Couch breitmachte. «Ja, die kenne ich gut. Ich staune immer wieder, wie du das machst. Du erzählst seit Jahren immer wieder das Gleiche und doch in immer anderen Farben und mit neuen fantastischen Geschichten …»

«Gesegnet sei, wer sich das Staunen bewahrt, obwohl ihn nichts mehr wundert», hörte ich von meinem Lieblingsplatz, Kahanas Liegesessel aus, «und nun lasst los, schließt die Augen und lasst uns beginnen.» Die sanfte Stimme führte uns jetzt auf die SECHSTE REISE:

Während mit jedem Atemzug dein Körper entspannter und angenehm schwer wird, kannst du schauen, ob du deinen Gedanken erlaubst, dich mitzunehmen auf eine weitere Reise. Lass dir einen Augenblick Zeit und sieh, was sich dir zeigt. Vielleicht ist es ein Vogel, der dich trägt, auf dessen großen Schwingen du dich emportragen lassen kannst zu den Wolken und darüber hinaus. Weiter und weiter. Vielleicht weiter, als deine Vorstellung noch vor ein paar Sekunden erlaubt hätte. Lass dich tragen, bis du die Öffnung des Himmels erreichst, um von dort aus weiterzufliegen zu einem anderen Ort als allen dir bisher bekannten Orten im Universum. Zu einem wunderbaren, friedvollen Planeten, auf dem es weder Vergangenheit noch Zukunft gibt und einzig und allein die Gegenwart existiert.

In deinem Reisegepäck ist eine Eintrittskarte, eine Einladung zu einem Konzert, in dem dein eigenes, inneres Orchester spielt und dein eigenes, inneres Ballett tanzt. Du kommst durch eine große Tür, die sich wie von selbst öffnet, und gehst zur Garderobe. Dort kannst du alles zurücklassen, was du jetzt und hier nicht brauchst. Alles, was dich noch einschränkt und dich hindert, deine ganze Kraft zu leben, kannst du dort abgegeben.

Du betrittst den Konzertsaal und schaust dich um. Die riesige Glaskuppel gibt den Blick frei auf den Himmel über dir und die Natur um dich herum. Alles, was du siehst, hörst und fühlst, gehört zu dir, alles das ist deine persönliche Macht und Kraft, die deine Emotionen ganz intensiv in Bewegung setzt und dich noch lebendiger werden lässt. Jetzt.

Während du den Klängen der Natur lauschst und deinen Blick schweifen lässt, betritt das Orchester den Saal. Du erkennst, dass alle Spieler, alle Musiker Teile von dir sind, innere Helfer und Ratgeber, Bewegung und Gefühle, Gedanken und Ideen, Träume und Wünsche. Bereits Gelebtes und noch zu Lebendes. Zugleich kannst du die Erde unter dir spüren, die dir Schutz gibt, und den Himmel über dir, der dir Freiheit schenkt. Und du spürst dich und dein inneres Orchester als verbindendes Element der Schöpfung zwischen Himmel und Erde, das seinen Beitrag leistet, damit das Freundliche im Universum mehr und mehr wird.

Lass die angenehmen Gefühle, die du jetzt hast, noch stärker werden, während die Sonne dich wärmt, deine Haut berührt oder vielleicht der Wind dich streichelt und liebkost. Ich weiß nicht, welche Elemente noch mit in diesem Spiel sind, um teilzuhaben an deiner Musik und deinem Tanz, der dein Leben, deine Lebendigkeit bedeutet. Eingebettet in die Natur mit ihrer Weisheit, Liebe und ihrem harmonischen Gleichgewicht, bist du vielleicht bereit, den Klängen deines inneren Orchesters zu lauschen, den Bewegungen deines inneren Balletts zuzuschauen und die Resonanz zu spüren, die euch verbindet.

Vielleicht ist es der Rhythmus deines Herzschlags, der den Takt angibt und die Musik anstimmt. Das erste Lied ist das Lied deiner eigenen Schwingung, deiner Energie und Kraft, wenn es dir gut geht und du ganz das leben kannst, was das Deine ist. Lass dich treiben von dieser Energie und Kraft, bis du mehr und mehr eins wirst mit dir und der Natur und ihren Helfern, den Elementen. Jetzt.

Vielleicht wird nun auch die Sonne in deinem Bauch wach, die kleine Schwester der großen Sonne am Himmel, die uns allen Licht und Wärme bringt und uns freudvolles, friedliches Leben auf der Erde möglich macht.

Das nächste Lied, zu dem sich auch die Truppe deiner

Tänzerinnen und Tänzer einfindet, erzählt von all den Situationen und Gelegenheiten in deinem bisherigen Leben, in denen du für dich sagtest: Jetzt habe ich mehr als nur etwas bewegt. Jetzt war ich erfolgreich! Jetzt habe ich meinen persönlichen Beitrag geleistet – vielleicht sogar zu einem großen gemeinsamen Ganzen. Es lässt die Momente der Vergangenheit noch einmal in der Gegenwart lebendig werden und dich intensiv spüren, wie es sich anfühlt, erfolgreich und glücklich zu sein.

Und während du dich von deiner eigenen Musik schaukeln und vom Tanz inspirieren lässt, weißt du tief in dir, dass du deine Macht niemals missbrauchen wirst, sondern dass sie dafür da ist und dir nützt, noch freier du selbst zu sein. Lass dir die Antwort von deinem inneren Orchester geben, wie du deine persönliche Macht noch weiter entfalten kannst. Wie damit deine Ausstrahlung wächst, die wie ein Magnet wirkt und die Menschen anzieht, die deine Lebendigkeit lieben und schätzen. Die Tänzerinnen und Tänzer zeigen dir, wie der Tanz, der Leben und Lebendigsein heißt, aussehen kann, wo die Impulse herkommen, wohin sie streben und wie sie sich entfalten können.

Und wenn du magst, kannst du ja sagen zu deiner Kraft und Macht. Jetzt. Du kannst jetzt bereit sein, deinen persönlichen Lebensauftrag zu sehen, zu fühlen oder zu hören. Dein Ku ist sicher gerne bereit, dir nun ein Symbol zu schenken, das für diesen Auftrag steht. Nimm dieses Geschenk an, mit ganzem Herzen. Jetzt. Und du findest selbst den Punkt der Rückkehr, den Augenblick, in dem du dich verabschiedest und in deinem Zeitmaß, in deinem Rhythmus, langsamer oder schneller, wieder zurückkommst, hierher, in diese Welt.

Ich brauchte eine ziemliche Zeit, um von dieser Reise in die Realität zurückzukehren, die ich mit den anderen Menschen im Raum teilte. Zu stark war das Gefühl von Licht in all meinen Körperzellen, das mich anfüllte mit Frieden, Liebe und Freude. Zu verwirrend war das Symbol, das mein *Ku* mir geschenkt hatte.

Das Kichern, das mich bei der Übergabe dieses Geschenkes in der Kehle kitzelte, konnte und wollte ich nicht verhehlen. Ich gab dem Kichern eine Gelegenheit: Ich lachte lauthals los.

Zum ersten Mal konnte ich mein *Ku* sehen, *visuell wahrnehmen* und nicht nur spüren. Es zeigte sich mir in Gestalt eines kleinwüchsigen, dennoch erwachsenen, *glücklich* strahlenden Wesens, das mir voller Freude ein großes «A» entgegenstreckte.

Es signalisierte mir damit, dass ich diesen Buchstaben meinem Namen hinzufügen sollte. Zunächst verstand ich nicht, was die Botschaft bedeuten sollte. Bis eine immer lauter werdende Tonfolge sich zu meinem Namen formte.

Ich sah nicht nur, ich hörte auch mein *Ku* meinen Namen *singen*. Ich verstand. Jetzt! Mein *Ku* führte mir die schamanische Technik des *Life Shifting* – der Lebensveränderung durch die Veränderung von *Lebenssymbolen* – vollendet vor und gab mir jenes «A» zurück, das in meinem Namen Barbra bisher gefehlt hatte, damit ich ganz BARB-A-RA, *ganz ich* sein konnte.

Wo immer es verloren gegangen war, ich wusste es nicht mehr. Was ich wusste, war, dass mit dem «A» eine Menge mehr als nur ein Buchstabe meines Namens in mein Leben zurückkehrte. Es war ein Stück meiner Identität, die zurückkehrte.

Das siebte Fenster:

Pono. *Ende und Anfang* des Wünschens

»Boomerang« weg? Da kommt schon der nächste …

VERWIRRUNG WAR EIN innerer Zustand, an den ich mich gewöhnt hatte, seit ich Kahana kannte. So wunderte ich mich wenig darüber, wie seltsam es sich anfühlte, die folgenden Tage in einer neuen Haut zu durchleben, bis ich mich an sie angeschmiegt hatte und es sich gut anfühlte, ganz darin zu Hause zu sein. Eher nebenbei und scheinbar zufällig bemerkte ich, dass das, was meine Person, was mich als Barbara ausmachte, sich um weitere Teile bereichert hatte. Dann erst konnte ich bewusst wahrnehmen, dass sich auch meine Beziehungen zur Welt außerhalb meiner Identität in steigendem Maße verbessert hatten.

Wenn es kein Lachen gäbe, wäre das Tao nicht, was es ist.
LAO-TZU

Ich hatte alle Hände voll, als ich vom Markt kam, wo ich frisches Obst und Gemüse gekauft hatte. Trotzdem den Briefkasten zu öffnen war töricht, wie mir die auf den Boden kullernden Äpfel schnell zu verstehen gaben. Dennoch. Neugierde war mir in allen Veränderungsprozessen als gute und treue Freundin erhalten geblieben, selbst bei alltäglichen Dingen wie dem Öffnen des Briefkastens. An diesem

Tag fand ich darin eine Nachricht von Richard. Ich kannte keinen Richard, um so größer war die Spannung, als ich den Brief öffnete.

Er habe gehört, ich beherrsche schamanische Techniken, ließ er mich wissen. Diese würde er gerne von mir erlernen. Er hoffe, ich habe noch Termine frei, und ich möge mich mit ihm in Verbindung setzen, damit wir alles Weitere besprechen könnten.

Das PS unter dem Brief gab mir Aufschluss: Er habe gerade ein Management-Seminar besucht, sein Trainer David habe ihm geraten, mich aufzusuchen.

Nachdem ich das Gefühl des Geschmeicheltseins ausgiebig genossen hatte und gerade damit beginnen wollte, zu zögern und Zweifel an meiner Kompetenz aufkommen zu lassen, vernahm ich Kahanas Stimme im Ohr, die mir ermunternd zurief: «Walk the talk!»

Dann fiel mir Michael ein. Ich hatte ihn nach einer meiner ersten Lektionen bei Kahana getroffen, als ich gerade weggehen wollte. Aus irgendeinem Grund konnte er damals nicht selbst die *Schule des Wünschens* besuchen. Er war, wie er mir sagte, «Lehrer aus Berufung». Er verfolgte sein Ziel, Kinder schwierige Inhalte leichtverständlich zu lehren, mit großem Erfolg.

Wir hatten dann noch einmal telefoniert. Ich wollte das Geheimnis seines Erfolges wissen. Er war als Religionspädagoge ausgebildet, verriet er mir, hatte aber während seiner Laufbahn als Lehrer viele andere Fächer unterrichtet, sei es aus Lehrermangel oder aus eigenem Interesse an einem anderen Thema.

Alle für ihn neuen Lerninhalte hatte er sich stets erst kurze Zeit vor dem Unterricht angeeignet. Bei der Vermittlung des Lernstoffes an die Schüler hatte er – selbst stets «frisch» im Thema – die Hürden und Hindernisse, die es bei neuen Inhalten zu bewältigen galt, noch lebendig nachvollziehen können. Dadurch hatte er eine Unterrichtsform gefunden, die die Schüler begeisterte und motivierte, in neue Regionen vorzudringen. Vielleicht war genau das die Herausforderung, die sich nun mir stellte.

Ich schickte eine Botschaft an Kahana, um ganz sicherzugehen, dass ich in meinem Schamanentraining so weit fortgeschritten war, dass ich das gewonnene, nachvollzogene Wissen weitergeben durfte.

Die nächsten Tage vergingen, ohne dass meine Frage beantwortet worden wäre. Ich war schon nahe daran, Richard eine Absage zu erteilen, als ich nach einem turbulenten Tag abends nach Hause kam und der blinkende Anrufbeantworter mir die Rückkehr meines »Boomerang« signalisierte.

«Bar-ba-ra», hörte ich die vertraute und liebgewonnene Stimme Kahanas und konnte jeden Vokal und jeden Konsonanten meines Namens einzeln in seiner Wohlgeformtheit wahrnehmen. «Ich habe mich über deine Nachricht gefreut. Und ich will dir sagen, dass wir uns nun nicht mehr in der gewohnten Art und Weise treffen können. Du wirst selbst sehen, ob du weiterhin *Begegnungen* mit mir haben willst. Du hast alles, was du dafür brauchst …

Ich habe den Ort meines Wirkens in ein anderes, weit entferntes Land verlegt. Ich weiß, dass du alles

Seit der kybernetischen Erkenntnis, dass der Mensch eine Nachricht ist, erweist sich seine körperliche Existenzform zusehends als überflüssig.
NIKOLAUS HEIM, MEDIZINSOZIOLOGE

Schau, ob du das bekommst, was du willst, indem du auf deinem Kurs bleibst. Wenn nicht, wähle einen anderen, ganz gleich, wie sehr das deine Routine zerreißt.
DENG MING-DAO

hast, was du brauchst, um mit mir in Kontakt zu bleiben. Ich erzähle dir gern, wie es dazu kam, dass ich diesen schönen Flecken Erde hinter mir ließ, um mein Lernen, Leben und Weitergeben auf andere Weise weiterzuführen. Nun, mit meinem Abschied für jetzt, noch die SIEBTE REISE:»

Es ist noch nicht lange her, da hörte ich einen Ruf, der so kraftvoll und eindringlich war, dass ich ihm gern und sofort folgte. Mir träumte, ich solle zurückkehren zu dem Garten, in dem ich aufgewachsen war und der mir, seit ich fühlen und denken kann, Heimat geboten hatte. Der Garten, in dem die Natur von jeher ihre kraftspendenden Zeichen gesetzt hatte.

Ich besorgte mir die nötigen Reiseunterlagen, Ruhe, Entspannung und ein angenehmes Umfeld. Dann schloss ich im Traum die Augen ein zweites Mal, ließ meinen Körper schwer werden und meinen Geist schweben.

Nach einer Weile konnte ich meinen Körper intensiv spüren und ihn zur gleichen Zeit von außen sehen. Ich erkannte, dass es der Tempel war, der mir seit je Heimat und Geborgenheit bot, der meine Kraft, Macht und Liebe beherbergte. Es war der Platz, an dem ich sowohl Leid und Trauer empfinden und annehmen konnte wie auch tiefe Freude und Zufriedenheit genießen. Er war meine persönliche Schatzkammer, die mir immer offene Türen gewährte und mich treu und dienend begleitete. Und während dieser Zeit, in der ich meinen Körper intensiv spürte und ihn gleichzeitig sehen konnte, wusste ich mit tiefer Gewissheit, dass er nur ein kleiner Ausschnitt der Welt war und dennoch die ganze Welt in sich beherbergte. Ich erkannte, dass alle meine Empfindungen, all meine Gedanken und all mein Handeln einen wertvollen Beitrag zum Gelingen des großen, gemeinsamen Ganzen darstellten. Und ich spürte, hörte und sah die komplexe Ganzheit alles Lebendigen, jedes für sich ein Teil des großen Ganzen und dennoch alles in sich tragend.

Vielleicht magst du mich jetzt begleiten in deinen Gedanken und Gefühlen, während ich von meiner Reise berichte. Und gleichzeitig kannst du, wenn du willst, deine eigene Reise unternehmen und dich einfach inspirieren lassen von all den Eindrücken und Erkenntnissen, während du deinen eigenen inneren Garten *besuchst, der genauso wie der meine Ausdruck von dem großen Garten ist, der die Welt bedeutet. Vielleicht sind wir dann Anfang oder auch Ende eines großen, gemeinsamen Netzwerks, in dem wir uns verbinden, um das Freundliche in der Welt noch ein bisschen mehr werden zu lassen und Freude und Frieden lebendiger, mit* lachendem Herzen *zu gestalten.*

Die Reise beginnt im Süden der Welt und am unteren Ende der Wirbelsäule. Ein Tor in leuchtendem Rot *lädt zum Betreten ein. Dieses, wie jedes andere Tor, verfügt über einen eigenen Wächter, der dir selbstverständlich Einlass in das Land gewährt, in dem du ja schließlich Herrscherin bist. Dieser Teil des Gartens bildet deine Verbindung zur Erde, dort sind dein Urvertrauen und dein Lebenswille zu Hause. Es steht dir frei, jetzt Kontakt mit ihnen aufzunehmen und ihnen zu danken für ihre Anwesenheit, für das Fundament, das sie dir von Anfang an boten.*

Genieße die Aussicht und die lebendige Natur, bevor du dich auf den Weg machst zum zweiten Tor, das etwas weiter in Richtung Norden liegt, unterhalb des Nabels. Das Tor erstrahlt in kräftigem Orange, *auch hier öffnet dir der Wächter bereitwillig die Pforten. In diesem Teil des Gartens wohnen und arbeiten sowohl die sexuelle wie auch die kreative Energie, die ein gutes Team bilden, sich ergänzen und gegenseitig bereichern, wenn du dazu ja sagst.*

In der Nähe des dritten Tores, das weiter in nördlicher Richtung, ein Stück oberhalb des Nabels beheimatet ist, ist deine «Sonne», die Kraft und Quelle wirklicher Macht, zu Hause: das Leben, Beziehungen werden aktiv gestaltet, Leistungswille und Tatkraft gehen hier ein und aus, Emotionen werden aufgenommen und ebenso nach außen geschickt. Die hier angesiedelte «Energiezentrale» sorgt dafür, dass alle Bereiche deines Gartens – besonders die weiter im Norden liegenden – mit Energie versorgt werden: Sie entspringt der Macht der Gefühle *und ebenso den anderen Energien aus dem «wilden» Süden, also Urvertrauen, Lebenswille, Sexualität und Kreativität. Hier wird der Schlüssel zu deinem persönlichen Erfolg in einem Tresor aufbewahrt, den nur du öffnen kannst, denn nur du kennst die Kombination! Leuchtend ist das* Gelb, *das einlädt zum Öffnen des Tresors, in dem die Fähigkeit, Träume zu weben und sie in die Wirklichkeit umzusetzen, verborgen liegt.*

Weiter in Richtung Norden liegt das vierte Tor, im Brustbereich, nahe des Herzens – der Ursprung aller unverfälschten, reinen Liebe, die keine Vorbedingungen kennt. Es ist die Liebe, aus der sich alle Beziehungen, alle «Herzensverbindungen» nähren: Verbindungen zu dir, zu anderen, zum Leben, zu Gott. Auch Selbstachtung und Würdigung deines Selbst haben hier ihr Zuhause, ebenso die Achtung und Empfindsamkeit gegenüber unserer lebendigen Umgebung.

Das Grün *des Tores leuchtet weit über diese Region hinaus. Dankbarkeit, Hingabe, In-Berührung-Sein, Mitfühlen, freudiges Teilen und Dienen, Lebensbejahung und positive Ausstrahlung sind weitere angesehene Mitarbeiter dieses Bereiches. Und natürlich das Wahrnehmen von Schönheit und Harmonie.*

Das fünfte Tor, auf das du auf deinem weiteren Weg triffst, sitzt an der Kehle. Du findest es leicht und einfach, wenn du deinem inneren Licht folgst. Bereits von weitem zu erkennen ist das helle Blau, *das es umgibt. Es ist der Ort der Inspiration, des Selbstausdrucks, der höheren schöpferischen Artikulation und der Kommunikation – der Ort, wo sich Denken und Fühlen treffen, wo auch das Weinen und das Lachen ihren Platz haben. Dort lauschst du nach außen wie nach innen; innere Botschaften – Ideen, Absichten, Wünsche – werden hier zu Sprache und vermitteln dich der Welt außerhalb von dir.*

Das sechste Tor, das in kräftigem Indigoblau *erstrahlt, liegt zwischen den Augenbrauen. Dort ist ein guter Platz, um Ausschau zu halten in jeglichen Raum und in jegliche Zeit. Es ist der Platz der inneren Schau, der Platz der geistigen Erkenntnis und der spirituellen Wachheit. Dort steht das Haus, das Intuition heißt, umgeben vom Garten des Idealismus, der Fantasie, der persönlichen Ausstrahlung, wo die zarten Blumen der Feinsinnigkeit zur vollen Blüte gelangen.*

Ganz im Norden gelegen ist das siebte Tor, du erkennst es, wenn du am Scheitelpunkt deines Kopfes angelangt bist. Es strahlt in einem puren Weiß. *Dort gewährt der zuständige Wächter Eintritt wie auch Austritt aus dem physischen Körper. Alle Kraft und Heilung, die noch nicht in der Welt*

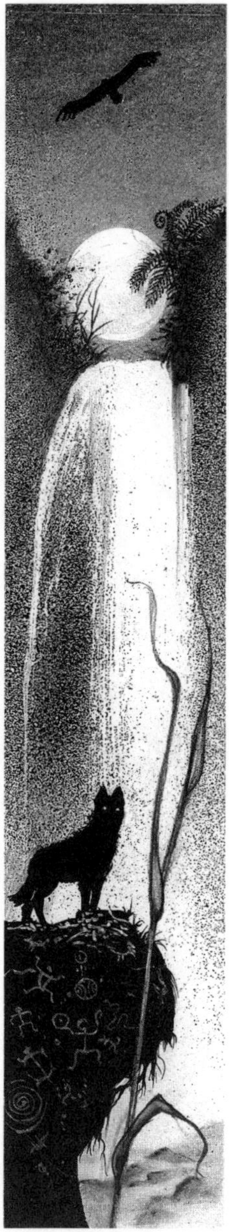

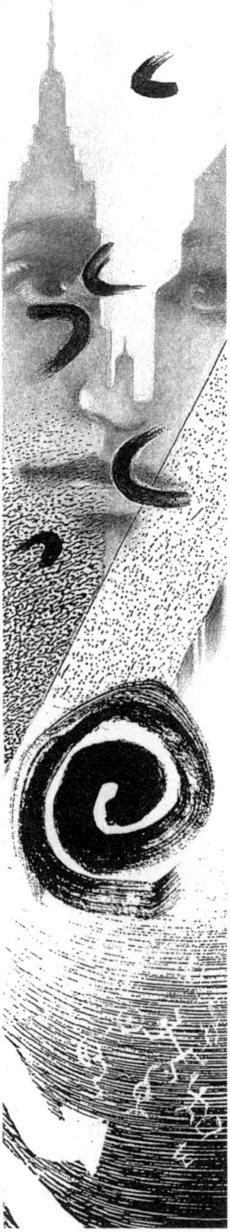

und im Körper bekannt sind, woher auch immer sie kommen, werden durch dieses Tor hereingelassen, wenn ihre Absichten gut sind und zur Genesung und Ganzwerdung beitragen.

Von hier aus führt ein Weg zu einem Aussichtsturm, den du emporsteigen kannst, um dein ganzes Land und dein ganzes Leben zu überblicken. Du kannst alle Bereiche deines Lebens erkennen, Vergangenheit, Gegenwart und Zukunft zur gleichen Zeit wahrnehmen. Und Veränderungen vornehmen – in der Gegenwart und selbstverständlich auch in deiner Vergangenheit oder deiner Zukunft! Du entdeckst, dass dir diese Fähigkeit des Life Shifting *gegeben wurde, und dass sie dir von nun an zur Verfügung steht. Alles, was du noch wenden oder heilen oder für dein Leben stimmig machen möchtest, kannst du nun tun. Dafür ist Zeit und Raum. Jetzt.*

Lass dir alle Zeit, die du brauchst, um diese Veränderungen vorzunehmen. Und du weißt, dass du nur aussprechen *musst, was sich wenden, entfalten oder transformieren soll. Lass dir Zeit, allen Wächtern und Helfern und der Natur für das zu danken, was sie für dich bereits getan haben, damit es dir gut geht und damit du deine Aufgabe in dieser Welt annehmen und erfüllen kannst. Und auch für das, was sie gerade jetzt und von jetzt an für dich tun. Dann, ganz allmählich, wenn du bereit bist, kannst du in deinem eigenen Zeitmaß, ob langsamer oder schneller, wieder zurückkommen – hierher, in deine Alltagswelt. Und – ALOHA!*

Es dauerte nur einen Wimpernschlag, ehe ich meine Augen wieder öffnete. Der erste Satz, der mir in den

Sinn kam, war: «Ready for take-off. NOW!» Und dann saß ich da vor meinem Telefon und sah es an und durch es hindurch – so, als würde ich dahinter schon die Zukunft liegen sehen …

Es gab einiges anzupacken. Bevor ich die Reise in ein vor mir liegendes unbekanntes Land, das Neuland des *Weitergebens* der *frischen Erfahrung*, antreten konnte, wollte ich noch einige ganz weltliche Rituale durchführen. Ich begann damit, meine Wohnung aufzuräumen.

Ich befreite mich von altem Ballast und verabschiedete mich von Dingen, deren Gegenwart ich seit langem nur noch aus Gewohnheit hingenommen hatte. Dinge, die für mich nicht mehr *lebten*. «Wish your will – drink your fill», fiel mir wieder ein. Und tatsächlich konnte ich klar erkennen, dass alles einmal zu mir gefunden hatte, weil ich es *gewählt* hatte. Ich konnte die Dienste würdigen, die alles mir geleistet hatte – bei manchem einzeln, ganz «persönlich», bei anderem stellvertretend für vieles. Manches Schöne konnte ich frohen Herzens verschenken, einiges verkaufte ich. Schließlich wollte auch noch die Mülltonne gefüttert werden.

Ich befreite mich mehr und mehr von Dingen, die bisher fast unbemerkt meine Existenz beschwert hatten. Nach und nach erledigten sich viele Aufgaben wie von selbst.

Ohne mein Zutun reihte sich jetzt, wie eine glückliche Fügung, eine Gelegenheit an die andere. Davids Angebot, als Trainerin für Team- und Organisationsentwicklung in seine Abteilung *Vision und Kompetenz* einzusteigen, freute mich und verwunderte mich nicht. Es stellte die auf allen Ebenen logische Konsequenz meines Handelns unter dem Aspekt meiner gewachsenen Selbstwertschätzung dar.

Mir keine Sorgen mehr zu machen, hat mich unendlich viel Zeit gekostet.
ISAAC TIGRETT

Nach einer Prüfung auf «Herz und Nieren», wie die Personalverantwortlichen aus diesem Unternehmen es bezeichneten, wurde mir «die Fähigkeit, komplexe Systeme zu verstehen und Menschen zu befähigen, sinnvolle Handlungsalternativen zu entwickeln» bescheinigt.

Was ich früher als Hindernisse bezeichnet hätte, verschwand oder tauchte erst gar nicht auf. Ich weiß nicht, ob es daran lag, dass meine intuitiven Fähigkeiten wuchsen oder meine innere Bewusstheit zunahm. Zumindest entwickelte ich ein feineres Gespür für die Gefühle und Gedanken anderer Menschen und konnte nicht nur schneller und leichter respektvolle und liebevolle Beziehungen zu ihnen herstellen, sondern sie auch in ihren Wachstums- und Veränderungsphasen sinnvoll begleiten. Das zeigte die Praxis in den Teamtrainings, die ich schon vereinzelt mit David leitete, während ich die längerfristigen Aufgaben aus meiner bisherigen Tätigkeit zum guten Abschluss brachte.

Meine Fähigkeit, anzuerkennen und zu lieben, nahm in solchem Maße zu, wie der Wunsch, zu beurteilen und verurteilen abnahm. Als «Nainoa» nutzte ich die von Kahana erhaltenen *Tools* immer selbstverständlicher. Ich hatte sie immer wieder als Herausforderung empfunden, dann nach und nach ausprobiert, schließlich angenommen und in mein Leben integriert. Sie wurden zu handfesten Helfern, auch bei der Entwicklung meiner eigenen Intuition. Von hier aus konnte ich sie schließlich sinnvoll weitergeben.

Mehr und mehr strebte ich danach, mitzuhelfen, damit alle Menschen, denen ich begegnete, in allen erdenklichen Situationen erfolgreich waren. Wobei die Definition von «Erfolg» nicht mir oblag, sondern dem Menschen, den ich begleitete.

Mein Respekt vor allem Lebenden mehrte sich von Tag zu Tag. Ich empfand jetzt alle Lebewesen als kostbare Schätze, als Teile eines Netzwerks, das uns alle verbunden hält. Meine Selbstachtung und meine Fähigkeit, mich selbst zu lieben, wuchs in gleichem Maße. Meine Gesundheit stärkte sich auf allen Ebenen, und ich nutzte meine Kraft und Macht zur Erfüllung meiner gefühlten Wünsche – die, deren Erfüllung mich und mein ganzes Wesen nährte und reich machte.

Und ich empfand dankbare Ehrfurcht vor der Quelle der wunderbaren inneren Gaben, die ich auf meinem Weg empfangen hatte – und jetzt und weiterhin empfing. Ich empfand etwas, was ich vorher nicht zu benennen gewusst hätte. Ich empfand Demut, denn ich wusste, dass ich nicht die Quelle dieser Kraft war, sondern nur ein Medium, durch welches sie zum Ausdruck kam.

Dieses tiefe Gefühl von Verbundenheit mit allen meinen Werten, *mit der Quelle* dieser magischen Kraft, empfinde ich täglich mehr. Manchmal ist es eine

Gänsehaut, die meine Arme überzieht, manchmal ist es ein wohliges Zittern, das meinen ganzen Körper durchläuft. Manchmal ist es noch ganz anders, einfach nur schön – *unaussprechlich schön.*

Innehalten. Und dann erneuert – weiterfliegen

«Alles könnte genau so sein. Oder anders.
Was nimmst du *für dich wahr?»*

WIE SEINE SCHWESTERN aus den Weiten des Universums war der Komet *Kahana* aufgetaucht und weitergewandert. Und hatte eine leuchtende Spur hinterlassen. Barbaras Bericht fand ich fünf Wochen später, längst zurück auf Kaua'i, mit ihrer letzten E-Mail, als üppigen Anhang.

Ihr *Aloha* und ihre Begeisterung übertrugen sich von der ersten Zeile an auf mich. Was und wie sie es schilderte, ließ mich meine eigene Lehre bei Kahana als lebendige Gegenwart ein zweites Mal erleben. «Lieber Manulani», schrieb Barbara dazu, «ich bin froh, dass sich unsere Wege gekreuzt haben und dass ich deiner Anregung gefolgt bin. Meine Zeit mit Kahana durch das Schreiben mit anderen zu teilen, war für mich eine weitere starke Erfahrung. Es war leicht, es hat Spaß gemacht, es hat mich *ermächtigt*. Meine eigenschöpferische Seite hat ab jetzt einen VIP-Sessel am Schreibtisch (und nicht nur dort!). Danke …»

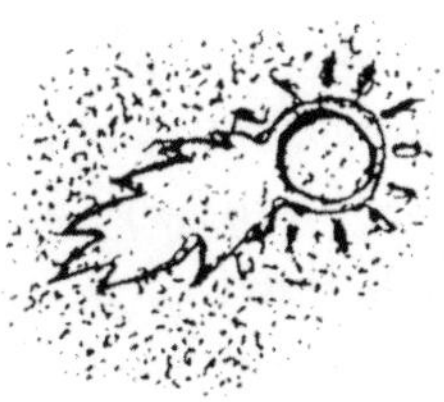

Weiter erfuhr ich, was Kahanas Verschwinden bei ihr noch im Nachhinein ausgelöst hatte. Es war früh am Abend, knapp zwei Wochen, nachdem sie die Abschiedsnachricht auf ihrem Anrufbeantworter vorgefunden hatte. Barbara war vom Büro (es war noch, aber nur noch für kurze Zeit, ihr Arbeitsplatz in der alten Firma) nicht direkt nach Hause gefahren. Zuviel ging ihr durch den Sinn. Jetzt, wo sie gekündigt hatte, lief auch dort alles mühelos und in fast heiterer Atmosphäre. Ihre betrieblichen Innovationsvorschläge waren umgesetzt worden und hatten bereits spürbar zur Verbesserung des Klimas beigetragen. Und ihr Auftraggeber/Chef, der ihr die größtmögliche Angriffsfläche geboten und ihr die Gelegenheit zu einer heißen Probe ihrer sich damals gerade entwickelnden Fähigkeiten gegeben hatte, beschränkte sich seither nicht mehr nur auf das «Nähren der Grünpflanzen». Irgendwie hatte sich etwas von Kahanas/Barbaras Energie auf ihn übertragen.

Sie fuhr mit dem Bus die Eastside hoch und stieg drei Haltestellen früher aus als sonst. Von hier aus waren es noch bequeme zehn Minuten zu Fuß bis zur 89. Straße, wo sie wohnte. Fast sieben Jahre lang war das nun ihr Zuhause, und jetzt, zum ersten Mal, kam ihr der Gedanke an einen Wechsel. Kein besonderer Grund. Vielleicht nur ein weiterer Aspekt des großen Aufräumens. Oder wurde es einfach Zeit, auch diesen Zyklus zu schließen? Es könnte doch sein …

Während sie mit weichem Blick den Strudel der Stadt wahrnahm – Menschen auf ihrem Nachhauseweg, wie sie selbst auch, Coffeeshops, kleine Läden, die nie zu schließen schienen, die von den Ampeln moderierte Brandung des Verkehrs – fiel ihr Kahana wieder ein. Bis vor kurzem noch hatte sie sie dort drüben besucht, quer über die halbe Insel Manhattan, auf der anderen Seite des Central Park – eine wirkliche Freundin vom ersten Augenblick an. Die gemeinsame Zeit hatte Barbara verwandelt, ihr Leben in neues Licht gerückt.

Ja, wirklich, *shift happens*, dachte sie halblaut, «und dieser meist träge und manchmal auch aberwitzig dramatische, turbulente Strom der Evolution *trägt* mich dabei. Alles andere ist mir überlassen, das Tun, und ebenso das

Nicht-Tun.» Vertrauen in ihre weiter wachsende natürliche Weisheit erfüllte sie. Sie würde die eingeübten Fähigkeiten als selbstverständliche Stadtschamanin anwenden, vervollkommnen – und weitergeben. Im Einklang mit sich, mit der Welt und mit Gott. Welch ein Leben! Sie fühlte sich wie ein neuer Mensch. Sie war es.

Als Barbara sich ihrer Wohnung näherte, kam sie sich vor wie eine Surferin, es war ein Wellenreiten auf einer Woge von Glück. Alles war jetzt gut. Alles, was vor ihr lag, würde gut sein. Alles Vergangene war gut. Und ebenso alles, was *jetzt* da war in ihrer Welt. Sie hieß sich und ihr Leben *willkommen*. Sie schenkte sich sich selbst.

Dann spürte sie eine starke Präsenz. Sie öffnete ihre Wohnungstür und sah es sofort. Dabei war sie ziemlich sicher, dass sie morgens ihren Computer ausgeschaltet hatte. Vom Bildschirm ging ein fast unwirkliches Leuchten aus. Sie blieb stehen und schloss die Augen.

Barbara nahm das Fließen ihres Atems wahr, gleichmäßig, ruhig und tief. Sie war in Kontakt mit ihrem ganzen Wesen und fühlte einen Wunsch in sich aufsteigen. Das Leuchten füllte jetzt den ganzen Raum, durchpulste ihren Körper, ihr ganzes Sein. Sie überließ sich der Energie. Jetzt konnte sie auch *sehen,* wie sich das Leuchten ausbreitete. Über ihre Wohnung, die 89. Straße, Manhattan, die Ostküste, den nordamerikanischen Kontinent hinaus, und weiter. Und sie spürte, wie sie emporgetragen wurde, wohin auch immer.

«*Nainoa!*» Das Wort schoss aus ihrem *Ku*-Zellgedächtnis ins Wachbewusstsein. *Lono* übernahm augenblicks. «Ich werde sie finden, wo auch immer, und wenn sie Tausende Meilen weit weg ist», hörte sie sich sagen. *Wer von ihr* sprach da?

Dann tauchten sie vor ihr auf, die Männer und Frauen auf den mächtigen Auslegerbooten. Barbara nahm das Bild in sich auf. Sie segelten wie vor tausend Jahren: von Hawai'i über die Weiten des Pazifiks bis nach Samoa, Fidji, Tahiti, den Marquesas, den Osterinseln ... Ganz ohne Kompass, Satellitenpeilung und andere moderne Geräte. Sie hatten ihre *inneren* Instrumente – und ein wiedergefundenes altes Wissen –, diese unglaublichen Navigator-Schamanen! Allen voran ein Hawaiianer namens Nainoa Thompson. Barbara flog eine Weile mit ihnen, dann folgte sie dem eigenen inneren Kurs.

Im Hintergrund sorgte *Kane* für Komfort und Sicherheit an Bord, die richtige Flughöhe und eine sanfte Landung. Auf dem Sandstrand winkte jemand. Eine Gestalt kam mit leichten Schritten auf sie zu. «*Hi*, Barbara.» Sie nahm das vertraute warme Lächeln wahr, hörte Kahanas Stimme: «Schön, dass du mich *finden* wolltest. Ich hab' dich schon erwartet. Aloha! Und willkommen – bei *dir*!»

Eine leichte warme Brise strich über den Blütenkranz auf Kahanas Haar und streichelte Barbaras Gesicht und ihre Arme. Ein hoher, schmal gebündelter Wasserfall, umwachsen von Girlanden sattgrüner, sonnendurchfluteter Dschungelpflanzen, traf sprühend auf die Oberfläche des nahen natürlichen Pools. Das Wasser sorgte für angenehme Frische. Verborgen in dieser Szenerie sangen Scharen soeben erwachter Vögel einander ihre gerade erlebten Träume zu. Barbara empfand alles mit einem dankbaren Staunen. «Ah», registrierte sie zwischen zwei Wimpernschlägen, «das *könnte* das Paradies sein. Oder wenigstens Hawai'i …»

Köstlicher, kraftvoller Augenblick! Die beiden Freundinnen lagen sich in den Armen und fühlten die Freude. Die sanfte Stimme sprach jetzt weiter. «Du hast nun alles, was du finden wolltest, Barbara. Mehr brauchst du nicht, um aus deinen Wünschen und Träumen *wirkliches Leben* zu erschaffen: eine Vorstellung, das Werkzeug, das Material, ein paar mit den ersten eigenen Schritten gesammelte Erfahrungen. Du kannst jetzt gefühlte Wünsche von Kopfgeburten unterscheiden. Statt in Illusionen investierst du von nun an in dich selbst.» Das einströmende Aroma von *Macademia-Träume*-Cookies verursachte eine kleine Pfütze auf Barbaras Zunge …

«Statt in Illusionen investierst du von nun an in dich selbst», stand da, auf dem Bildschirm, *«mit der Kühnheit des Herzens – ebenso wie mit der* Weisheit *des Herzens.*

Mahalo nui loa: *Danke dafür, dass ich dich ein Stück begleiten, dass ich mit dir wachsen durfte. Wir bleiben miteinander verbunden, wie alle Schöpfung. Und verstärkt – durch all das, was wir geteilt, gemeinsam bewegt haben …»*

Ein kleiner Seufzer kam über Barbaras Lippen. Sie bewegte die Zehen, wie um das leise Kribbeln abzustreifen, das jetzt stärker wurde.

«Von meinem Lehrer Serge habe ich übernommen und abgewandelt, was ich dir hier weitergeben möchte», stand da. Aber Barbara *hörte* es nur. Sie hatte die Augen geschlossen. Sie war sehr neugierig.

«Es ist das Geschenk der ‹Guten Fee›. Drei Dinge, mit denen du aus dir im Handumdrehen einen glücklichen Menschen *machen kannst – wann immer du das wählst.»* Die Nachricht wurde blasser, als wollte die Schrift mit der Hintergrundfarbe *eins werden*. Gerade noch war der Text zu lesen:

«Würdige und segne die Gegenwart – mit allem, *was jetzt ist.*

Vertraue auf dich – die Quelle ist in dir.

Erwarte stets das Beste – kompromisslos.*»*

Barbara lächelte und horchte noch eine Weile nach innen. Sie öffnete langsam die Augen und betrachtete den Bildschirm. Leer. Dann schaltete sie den Rechner aus. Er reagierte nicht. Sie vergaß sich zu wundern, als sie es bemerkte.

Das Leuchten blieb.

Index · Glossar · Hawaiianische Begriffe

Abenteurer-Schamanismus:	die typisch hawaiianische, «experimentelle» Spielart des Schamanismus. Kahanas Stil des Lernens-Lebens-Weitergebens und ihr «Wandern» sind ein Ausdruck davon (14ff.; 99)
Aka:	Energieverbindung («Faden») – zwischen allem, was miteinander *in Beziehung* ist. Jedes Wesen, jedes Ding wird aus seinem Aka-Körper genährt
Aloha Spirit:	gelebte Liebe – zu sich, zu anderen, zum Ganzen; Frieden leben und stiften: *Frieden ist ein Häuptling – der Herr der Liebe!* (haw. Sprichw.) (1, 5)
Aloha, Mahalo:	*gefühlte* Liebe und Dank (5, 21)
Aloha Yoga:	dem Leben mit Liebe, Macht und Weisheit dienen – Kahanas Variante des *Karma-Yoga* (15, 20, 34ff.)
'Āmama:	«Das ist es!», «Ja, so sei es!», *Amen* (11, 26)
A hui hou:	«... bis zum nächsten Mal!» (21)
Aumakua:	Ahnen /«elterlicher Geist» /Höheres Selbst (akua: das Göttliche) (11, 36–39)
Aura /«Ei»:	menschliches Energiefeld (69)
»Boomerang«: (engl.)	Hier die «Ausweitung» des menschlichen Energiefelds durch selbstgewähltes oder reflexhaftes Denken, Sprechen, Verhalten, Handeln (15, 25, 69)
«Fenster», die Sieben:	Ike, Kala, Makia, Manawa, Aloha, Mana, Pono: Barbaras 7 Lektionen ... (7, 17, 21, 26, 35, 99, 139)
Hula Kahiko:	alter haw. Ritualtanz, der seine Botschaften als Geschichten erzählt (28)

Huna: Huna ist die Lebenskunst, die eigene Liebe und Macht des *Wirkens* entschieden zu leben – sie wurde von hawaiianischen Schamanen über Jahrhunderte an qualifizierte Schüler weitergegeben. Auf den Hawai'i-Inseln gab es immer zahlreiche unterschiedliche «Familienstile» (Traditionslinien). Serge King z. B. wurde in der Tradition der Kahili-Familie auf Kaua'i in Huna ausgebildet. (17, 28; s. S.131f.: Huna in der «Nussschale»)

Journeying, Traumreisen: (Kahanas Reisen s. S. 39, 52, 66, 78, 92, 104, 112)

Kaua'i: älteste der haw. Vulkaninseln; Peles erster Ankerplatz auf Hawai'i (17)

Kahana: 1. haw.: Wendepunkt; 2. die legendäre Schamanin aus Kaua'i (15ff., 31, 33ff.)

Kahuna, Kupua: (26; s. S. 131f.: Huna in der «Nussschale»)

Kanaloa: der «ganze, vertrauende Mensch» – somit ein *Gefährte des Göttlichen* (80, 90)

Kraftzentrum Hawai'i: die Hawai'i-Inseln mit ihrer uralten, weiterhin aktiven Vulkankraft sind – wie die Himalaya-Region – eines der großen Kraftzentren der Erde.

Ku – Lono – Kane: entsprechen etwa dem Unterbewussten – Bewussten – Überbewussten (11, 36, 39, 46, 67f.)

Ku, als Verbündeter: Ku ist das Zellgedächtnis. Lernt *Neues* nur, wenn es emotional/sinnlich «beeindruckt» wird. Symbole und Rituale helfen, Ku hierfür als Verbündeten zu gewinnen (39, 78ff., 87)

Lei: der haw. Blüten-/Blätterkranz (39); lei palaoa: haw. Symbol-Schmuck (14f.)

Life Shifting: dem Leben eine (gewünschte) Wende geben; Ritual für einen zielgerichteten Übergang (15, 107)

Lomi Lomi: transformierende Ganzkörper-Heilmassage (28)

Nainoa: Navigator, auch Pfad-Finder; Schüler der Schamanin Kahana (19, 58, 118, 123)

Pele: hawaiianische Göttin (oder Archetyp) der permanenten Erneuerung (16)

Polynesien: die Inselwelt Ozeaniens (Pazifik) mit Hawai'i; im Zellgedächtnis der Polynesier der versunkene Kontinent Mu, dessen übriggebliebene höchste Erhebungen die Inseln bilden (17)

Schamane, Mitschöpfer: «Unabhängig vom Kulturkreis ist die herausragende Eigenschaft des Schamanen die Tendenz zum Engagement, zur schöpferischen Aktivität» (Serge King)

Schamanismus: «... der älteste spirituelle Weg auf diesem Planeten – mit Wurzeln, die mehr als 50.000 Jahre zurückreichen» (Leo Rutherford)

Shapeshifting: die Veränderung (Heilung) von Lebensumständen durch die Veränderung von Lebenssymbolen. Schamanische Technik zur Lenkung/Umleitung von Energie (15, 21, 123ff.)

Tools, Toolbox, Power Tools: Navigationshilfen für alle «Nainoas» (19, 58f., 76f., 143)

Welt, belebte: im Verständnis von Huna ist *alles* im Universum 1. lebend, 2. bewusst und 3. fähig/bereit zu «antworten»

Welten, die vier: die objektive (physische) – subjektive (mentale) – symbolische (emotionale) – holistische (spirituelle) Welt. Wir alle bewegen uns irgendwie innerhalb all dieser Welten. Schamanen tun es bewusst (73, 91ff.)

Huna in der «Nussschale»

Die Gewissheit, auf der richtigen Spur zu sein: Sie wissen, wie sich das anfühlt! Das Suchen hat ein Ende. Huna «sucht» nicht.

Huna ist die Lebenskunst der *Finder*.

Huna (Hu-Na): die irdisch-praktische, an keine Religion gebundene Lebensphilosophie und Lebenskunst hawaiianischer Schamanen.

Ursprung in Mu oder Ägypten vermutet.

Auch «Lichtweisheit der Inseln» (Polynesiens) genannt.

Von hawaiianisch «Hu»: Dynamik – «der männliche, energetische, bewegende Teil des Lebens» –, harmonisiert mit «Na»: Stille – dem «weiblichen, empfangenden, ruhenden Aspekt».

Kahuna: ein Meister, der die «Lichtweisheit der Inseln» auf einem Spezialgebiet anwendet, z. B. Landwirtschaft, Fischfang, Bootsbau, Navigation, Zeremonien und Feiern, Heilung. Ein «Kahuna Kupua» ist ein Meisterschamane, Meister seiner Kunst.

Kupua: hawaiianischer Schamane; arbeitet mit geistigen und Naturkräften zur Reharmonisierung und Heilung von Lebensumständen und/oder spirituellen, mentalen, emotionalen, physischen Beziehungen.

Huna ist das Geheimnis des alten Hawai'i, das sogenannte «Unmögliche» möglich zu machen. Und zwar gleichermaßen zum eigenen Nutzen, dem der anderen und im Dienst des größeren Ganzen. Huna heute ist eine zutiefst gemeinnützige Lebenskunst mit der schamanischen Urqualität: der «Tendenz zum Engagement, zur schöpferischen Aktivität» (Serge Kahili King).

Huna beginnt mit Neugier, Bereitschaft und wacher Fantasie. Es beruht auf sieben Grundannahmen oder Grundsätzen (überprüfbare, flexibel angewandte, langbewährte Erfahrungswerte) – den Sieben «Fenstern».

«Alte Weisheit, in Polynesien geboren und gegründet auf eine ganz besondere Art des Sich-auf-die-Welt-Beziehens … Huna ist vor allem ein heilender Weg der Liebe *und* der Macht. Weil diese Grundsätze immer wirken, werden die gleichen Prozesse angewandt, um Körper und Geist, persönliche wie auch soziale Zustände zu heilen. Die heutigen Huna-Schamanen arbeiten im Rahmen der modernen Gesellschaft zusammen als Hüter und Heiler des Geistes unserer Erde» (Serge Kahili King).

Zum Verständnis: «Macht» oder «Power» steht für die (entwickelbare) Fähigkeit zu *wirken*, für genutztes Potenzial und authentische Autorität.

Huna ist also Balance. Es zeigt die gegenseitige Bedingtheit von «Liebe» (Aloha) und «Macht» (Mana): Artist/in auf dem Drahtseil mit Balancierstange – Aloha am einen Ende, Mana am anderen – wach und leicht (und dabei – nach Hermann Hesse – «heiter»!) den Raum durchschreitend …

Kahanas Stil, Huna zu leben – und weiterzugeben –, kann auch als weibliche Variante des Stils von Serge King verstanden werden: Beide bringen die Wachheit und Leichtigkeit in unsere heutige Welt – mit Weisheit und einer guten Prise Humor. Wie *Das Ei des »Boomerang«* dokumentiert.

Huna: Das lässt Sie einiges erwarten – von sich selbst.

Erwarten Sie mehr!

Ich segne das Jetzt.
Ich vertraue auf mich.
Ich erwarte das Beste.

MANULANI

Inspiration und Quellen · Literatur

Hawai'is Aloha Spirit und die **Renaissance der Lichtweisheit der Inseln** – präsent in den Menschen Hawai'is, den *kama'āina* (Kinder des Landes) – waren und sind ständige Inspiration. Ebenso die Vermittlung dieser Qualitäten, wie sie durch *Aloha International* geschieht (s. a. das kleine Gratis-Leseheft *Aloha Spirit – Gelebte Liebe* von Serge Kahili King)

King, Serge Kahili: das Gesamtwerk
vor allem die folgenden Bücher und Broschuren:
Der Stadt-Schamane
Kahuna Healing
Sehen ist Glauben – Die vier Welten eines hawaiianischen Schamanen
Der Weg des Abenteurers
(alle bei Alf Lüchow)
Begegnung mit dem verborgenen Ich (Aurum)
sowie: Dokumentationen (Notizen, Handouts, Audiokassetten, Videos) u. a. von seinen letzten regulären Seminaren und Trainings 1997–1998

Kutschera, Gundl: u. a. die folgenden Bücher:
Tanz zwischen Bewusst-sein und Unbewusst-sein
Resonanz lernen mit NLP – mit Peter Bachler
In Resonanz leben durch die Kraft deiner Quelle und
In Resonanz leben und den Neubeginn wagen – mit Eva-Maria Harbauer (alle bei Junfermann)
außerdem: Unterlagen und Notizen aus den verschiedenen
nlp-Resonanz®-Kommunikations-Trainings

Hawai'iana:

Davenport, Kiana: *Haifischfrauen* (Droemer)

Falk, Jay Arjan: *Das kleine Polynesische Wörterbuch* (http://www.huna.org/html/lexika.html)

Harden, MJ: * *Voices of Wisdom – Hawai'ian Elders speak* (Photos by Steve Brinkmann; Aka Press, 103 Johnson Rd., Kula, HI 96790; mjh@maui.net)

Kane, Herb Kawainui: **Pele – Goddesss of Hawai'i's Volcanoes* (The Kawainui Press)

Krauss, Bob, und G. Brad Lewis (Fotos): **Birth by Fire* (Island Heritage)

Pukui, Mary Kawena, und Samuel H. Elbert: **New Pocket Hawai'ian Dictionary* (University of Hawai'i Press)

Schütz, Albert J.: **Things Hawai'ian – A Pocket Guide to the Hawai'ian Language* (Island Heritage Publishing)

Varez, Dietrich, und Lilikalã Kame'eleihiwa (Hrsg.): **Mãui the Mischief Maker* (Bishop Museum Press)

Vaughn, Greg u.a.: *Hawaii Aloha* (Bildband, Alouette)

Veary, Nana: **Change we must – My spiritual Journey* (Medicine Bear)

Wesselman, Hank: **Spiritwalker – Messages from the Future* (dt. bei Scherz: *Die zwölf Wahrheiten des Nainoa*)

Zambucka, Kristin: **The Fire Lily* (Green Glass); **Ano Ano – The Seed* (Mana)

Huna/Schamanismus/Maya und Medicine Teachings/Systemische Arbeit:

Arrien, Angeles: *Der vierfache Weg – Der Pfad des Kriegers, Lehrers, Heilers und Sehers* (Bauer); **Signs of Life* (Arcus)

Becker, Cathrin Kalama, Doya Nardin: **Mana Cards – The Power of Hawai'ian Wisdom* (Karten-Set; Radiance Network)

Claigh, Roberleigh H.: **The Kahuna Way to Create the Future* (Living Wellness)

Gennep, Arnold van: **Rites of Passage* (dt. bei Campus: *Übergangsriten*)

Gore, Belinda: *Ekstatische Körperhaltungen – Ein natürlicher Wegweiser zur erweiterten Wirklichkeit*, Vorwort von Felicitas Goodman (Synthesis)
Gregg, Susan: **Finding the Sacred Self – A Shamanic Workbook* (Llewellyn)
Halifax, Joan: **Shaman – The Wounded Healer* (Crossroad); *Die andere Wirklichkeit der Schamanen – Erfahrungsberichte* (Hans Nietsch)
Harner, Michael: *Der Weg des Schamanen* (rororo)
Hellinger, Bert, und Gabriele ten Hövel: *Anerkennen, was ist* (Kösel)
King, Serge Kahili: *Aloha Spirit – Gelebte Liebe* (Leseheft; frei zu beziehen bei Alf Lüchow Verlag, Pf. 1751, D-79017 Freiburg od. Aloha Europe e.V., Westheimer Straße 19, D-86356 Neusäß); weitere Buchtitel (s.a. S.133): *Erdenergien; Mit der Natur kommunizieren; Mit Liebe gewinnen; Die Meisterformel des Erfolgs* (alle bei Lüchow)
Kryder, Rowena Pattee: *Sophia's Body – Seeing Primal Patterns in Nature* (Golden Point Production Crestone, CO)
Kos, Kala, John Selby: *Die Huna-Lehre – Der Schlüssel zum hawaiianischen Geheimwissen für Erfolg im Leben* (Goldmann)
Krotoschin, Henry: *Huna-Praxis – Bewußte Lenkung des Schicksals* (Hermann Bauer)
Mardyks, Raymond, Stacia Alana-Leah: **Maya Calendar – Voice of the Galaxy* (Star Heart Publ., Sedona, AZ)
Mayer, Norbert J.: *Der Kain-Komplex* (Integral)
Men, Hunbatz: **Secrets of Mayan Science/Religion* (Bear & Company)
Mindell, Arnold: **The Shaman's Body – A New Shamanism for Transforming Health, Relationships, and the Community* (Harper San Francisco)
Müller, Klaus E.: *Schamanismus – Heiler, Geister, Rituale* (C.H. Beck)
Ondruschka, Wolf: *Magie im Alltag – Schamanisches Bewusstsein für unsere Zeit* (W.O. c/o Bärenstamm e.V., Schönhagener Ring 8, D-32699 Extertal)
Pearsall, Paul: *Aloha, die Lust am Leben* (Hermann Bauer)
Perkins, John: u. a. *Und der Traum wird Welt* (Integral)
Ross, A.C. (Ehanamani): **Mitakuye Oyasin – We are all related* (Wicóni Wasté)

Ruiz, Miguel: **The Four Agreements* (Amber-Allen); **Beyond Fear* (mit Mary Carroll Nelson; Council Oak Books)

Sanchez, Victor: *Die Lehren des Don Carlos* (Synthesis)

Scott, Greg: **Journey to Kanaka Makua – Rediscovering the Light of Island Wisdom* (Karten-Set; Arcturus, P.O.Box 1722, Keaau, Hawai'i 96749)

Selke, Ilona: *Die Weisheit der Delfine* (Heyne)

Shook, E. Victoria: **Ho'oponopono – Contemporary Uses of a Hawai'ian Problem Solving Process* (East-West Center Book)

Somé, Malidoma Patrice: **Of Water and the Spirit – Ritual, Magic and Initiation in the Life of an African Shaman* (Tarcher-Putnam); **Ritual – Power, Healing, and Community* (Swan/Raven)

Snow-Davis, Kay: **Point of Power – A Relationship with Your Soul* (Element)

Stevens, José und Lena: *Zur Quelle der Kraft – Schamanische Techniken für das Leben von heute* (Hermann Bauer)

Storm, Hyemeyohsts: **Seven Arrows* (Ballantine)

Sun Bear und Wabun: *Das Medizinrad*; *Das Medizinrad Praxisbuch – Übungen zur Heilung der Erde; Der Pfad der Kraft* (alle Goldmann)

Rutherford, Leo: **Principles of Shamanism* (Thorsons; dt bei Goldmann: *Schamanismus – Was Sie wirklich darüber wissen müssen*)

Ulmer-Janes, Eva: *Schamanisch Reisen – in der Tradition der hawaiianischen Kahunas* (CD – bei Ibera, Wien, strobele@xpoint.at)

Weber, Gunthard (Hrsg.): *Zweierlei Glück – Die systemische Psychotherapie Bert Hellingers* (Carl Auer)

Yardley, Laura K.: **The Heart of Huna* (Vorw.: Ted James; Adv. Neuro Dynamics)

Yaxk'in, Aluna Joy: **The Mayan Daykeeper* (Center of the Sun Publishing)

***Weitere Inspiration*:**

Asimov, Isaac: **Nightfall – and other Stories* (Del Rey /Ballantine)

Baginski, Bodo, und Shalilah Sharamon: *Das Chakra-Handbuch* und *Einverstandensein* (Windpferd)

Blum, Ralf, und Susan Loughan: **The Healing Runes* (St. Martin's Press)
Bly, Robert: **This Tree Will Be Here for a Thousand Years* (Harper Perennial)
Brückner, Gernot: *Gespräche mit dem Unbekannten* (itv)
Cameron, Julia: Der Weg des Künstlers (Knaur); **Blessings* (Tarcher-Putnam)
Chopra, Deepak: **The Seven Spiritual Laws of Success* (Amber-Allen/New World)
Douglas-Klotz, Neil: *Prayers of the Cosmos (Harper San Francisco)
Dyer, Wayne W.: **Manifest your Destiny* (Harper Perennial)
Frissell, Bob: *Zurück in unsere Zukunft* (Michaels); **Something in This Book is true…* (Frog)
Gamper, Karl: *Millenniums-Trilogie* (www.gamper.com)
Gottlieb, Anne, Slobodan D. Pesic: *Der magische Kubus* (Imaginationsspiel; Scherz)
Hand-Clow, Barbara: **Liquid Light of Sex* (Bear & Company); *Plejadisches Kursbuch* (Goldmann)
Heider, John: **The Tao of Leadership* (dt. bei Sphinx)
Huang, Chungliang Al: **Quantum Soup* (Dutton)
Kelder, Peter: *Die Fünf »Tibeter«* (Scherz)
Keyserling, Arnold: u. a. *Das Erdheiligtum* (Im Waldgut); *Von der Sinnlichkeit zum Sinn* (Bruno Martin)
Leonard, George: **Mastery* (dt. bei Integral: *Der längere Atem*)
Marooney, Kimberly: **Angel Blessings* (Karten-Set: Merrill-West/Windpferd)
Millman, Dan: *Die Rückkehr des friedvollen Kriegers* (Ansata) u.a.
Miner, Ali: **A Time to Awaken* (Markowitz Publ., Paia, Hawai'i)
Ming-Dao, Deng: **The Wandering Taoist*; **365 Tao* (Harper San Francisco)
Mulford, Prentice: u.a. *Vom Unfug des Lebens und Sterbens* (Fischer); *Prentice Mulford – Ausgewählte Texte* (Goldmann)
Murphy, Michael: **The Future of the Body* (Tarcher/Integral: *Der Quantenmensch*)

Nisker, Wes «Scoop»: **Crazy Wisdom – The Saint, the Zen Master, the Poet, the Fool* (Ten Speed Press)
Robbins, Anthony: *Das Power Prinzip* (Heyne)
Roberts, Marc: *Das neue Lexikon der Esoterik* (Goldmann)
Seifert, Lothar: *Wenn du es eilig hast, gehe langsam* (Campus)
Sitchin, Zecharia: *Der Zwölfte Planet* u.a. (Droemer-Knaur)
Speulhof, Barbara van den, Frieder Lehmann: *Heilende Geschichten – Worte zum Wachsen* (Beust)
Spilsbury, Ariel, Michael Bryner: **The Mayan Oracle – Return to the Path of the Stars* (Bear & Company)
Sorel, Maria: *Silva Mind* (Mosaik)
Talbot, Michael: **The Holographic Universe* (Harper San Francisco)
Tansley, David: *Energiekörper* (Kösel)
Wagner, David, Gabriel Cousens: *Tachyon Energie* (Windpferd)
Walsch, Neale Donald: *Gespräche mit Gott* (Goldmann)
Wanless, James: u.a. *Voyager Tarot* (Integral)
Watts, Alan: *Der Lauf des Wassers – Eine Einführung in den Taoismus* (Suhrkamp)
Wolinski, Stephen: *Die alltägliche Trance* (mit Margaret O. Ryan; Lüchow)

***Magazine/Zeitschriften**:*
ALOHA Nachrichten (Aloha Europe e.V., Westheimer Straße 19, D-86356 Neusäß)
***Shaman's Drum**
Einzelne Zitate aus: **Psychologie heute**, **Die Woche**, **Die Zeit**

Englischsprachige Titel sind mit * gekennzeichnet. Titel u.U. vergriffen.

Die Sieben Fenster

… so, wie Barbara sie mit ihrem Bericht öffnet

1. ***Wahlmöglichkeiten:*** Die Welt ist so, wie sie in meinem Kopf ist (IKE)

2. ***Freiheit:*** Es gibt keine wirklichen, absoluten Grenzen (KALA)

3. ***Ziel:*** Energie folgt dem Denken – in Richtung, Qualität, Ausdauer (MAKIA)

4. ***Der Augenblick:*** Ich bin *jetzt* in meiner Kraft (MANAWA)

5. ***Herz:*** Ich wähle Glück, also liebe ich – ich teile, also bin ich (ALOHA)

6. ***Macht:*** Alle *Power* kommt von innen (MANA)

7. ***Ende und Anfang:*** Meine Wahrheit zeigt sich im Ergebnis. Und – es gibt immer auch einen anderen Weg (PONO)

Viele dieser Lebensprinzipien finden sich – in unterschiedlichen Versionen und Gewichtungen – in fast allen Kulturen wieder. Wohl einzigartig ist indes ihr geniales Zusammenspiel in der Kombination (vgl. dazu auch die Übungsfolge der Fünf »Tibeter«*). Der Synergieeffekt im täglichen Gebrauch ist die Stärke dieses Mindsets aus dem hawaiianischen Schamanismus.*

Wunschträume • Lebenswünsche

Aufgeschobene Pläne. Noch nicht erfüllte Sehnsüchte.

Das ist meine ganz persönliche Hitliste:

1.

2.

3.

4.

5.

6.

7.

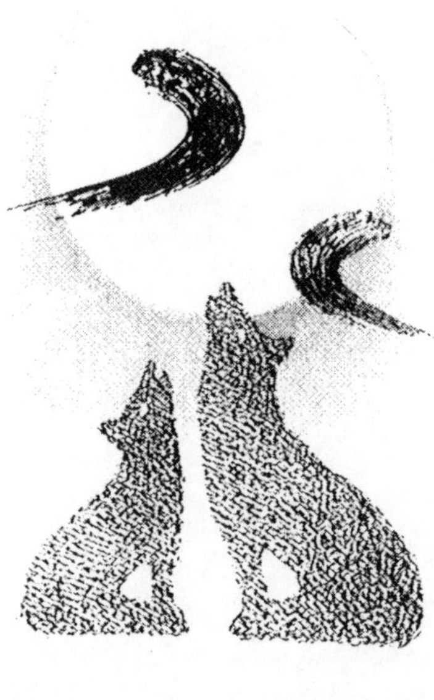

Die Power-Toolbox der Schamanin

1. In welcher Welt willst du leben? Du kannst **dein Universum wählen**: ein freundliches, dir wohlgesinntes Universum zum Beispiel.
2. Das Universum kennt keine Grenzen und kein Ende – warum sollte das ausgerechnet für dich nicht gelten? Du kannst **Fülle leben**: indem du immer genau das weggibst/teilst, von dem du meinst, es fehle dir am meisten.
3. Welchem Ur-Antrieb erlaubst du, dein Sein und dein Handeln zu prägen: deiner ANGST – oder deiner LIEBE? Konzentriere dich darauf, was dich *leichter* macht. Du selbst kannst deine Ziele und **deine Richtung bestimmen**.
4. Worauf wartest du noch? Dein innerer Schamane, deine innere Schamanin sind *in diesem Augenblick* bereit. Arbeite mit genau den Mitteln, die *jetzt gerade* verfügbar sind. *The Power of NOW*: Du kannst **es jetzt tun**.
5. Wie lädst du Liebe in dein Leben ein? Du kannst deine **Beziehungen glücklich gestalten**: die Beziehung zu dir, zu anderen und zu Gott.
6. Wie erlebst du Macht? Oder Kompetenz, Kreativität, Autorität? Macht ist *Wirken* – einzig aus der Kraft deiner inneren Quelle. Statt sie zu projizieren, kannst du **wahre Macht ansammeln** – durch vier Vereinbarungen mit dir selbst:

- Ich benutze die Macht des Wortes mit Achtsamkeit und Integrität.
- Ich nehme nichts persönlich, egal was mir begegnet.
- Ich stelle über andere keine Spekulationen an.
- Ich tue jederzeit das mir Bestmögliche.

7. Du siehst Gott in allem. Die Welt ist ein »Boomerang«, und der/die Werfende bist du. Nein? Du kannst erst einmal so handeln, *als ob* es so wäre – bis du **an der Wirkung die Wahrheit erkennen** kannst.
   Das gilt *in jedem Fall.*

Schön. Und gut.

Das «Millionenspiel» (S. 74) haben Sie schon gespielt.
Sie können unterscheiden: Kopfgeburten – oder *gefühlte Wünsche* …

Sie können Ihre Liste (Ihr Leben) neu schreiben.
Sie können es jetzt tun – auf diesen Seiten:

Adressen · Netzwerk-Kontakte

Das Ei des »Boomerang« kreiert mit den Adressen auf diesen Buch-Seiten – und weiter auf der Website **www.alohashaman.com** – ein kleines «Netzwerk der Netzwerke».

Bei den folgenden Kontaktadressen können Sie ein weiteres Spektrum von Informationen und Anregungen finden – zu Huna und Schamanismus, nlp-Resonanz® und weiteren im Aloha Spirit wirkenden Modellen. Lassen Sie sich Infos und Veranstaltungstermine schicken und/oder besuchen die entsprechenden Websites:

Aloha Europe e.V.
c/o Andrea Kandler, Westheimer Straße 19, D-86356 Neusäß
Telefon: 0821/486-2993; Fax: 0821/486-2809
(Magazin *ALOHA Nachrichten*; Info zu aktuellen Seminaren und Huna-Netzwerk; Adressen von Huna-, Lomi-Lomi- und Hula-Practitionern/Lehrern; Artikel, Reiseberichte, Interviews)

Aloha International
P. O. Box 665, Kilauea, Hawai'i 96754
(über diese Anschrift ist gleichzeitig Serge Kahili King, Ph.D., zu erreichen)
Telefon und Fax: 001 (808) 828-0302; E-Mail huna@aloha.net
Website: http://www.huna.org/huna (Englisch – eine Fülle an Lesebeiträgen und Infos, besonders zu Huna und schamanischer Praxis, Kaua'i, Hawai'i; Materialien & Medien; Termine auf Kaua'i und in Europa und mehr)

Aloha International in Denmark
c/o KeAhi Rikke Njust – E-Mail: globe4huna@vip.cybercity.dk

nlp-Resonanz® Kommunikations-Training
GmbH (Netzwerk, Stiftung, Institut, Ausbildung):
Gumpendorfer Straße 8 1/2/42 A-1060 Wien
(E-Mail Dr. Gundl Kutschera: training@nlp-resonanz.at)
Telefon: 0043-1-59642.40; Fax: 0043-1-59642.18
Website: http://www.nlp-resonanz.at/nlp-resonanz/

Arbeitskreis LebensEnergie CH-6052 Hergiswil (Veranstalter der gleichnamigen Ausstellung; reichhaltiger Katalog: ISBN 3-9520173-0-2

Arcturus – School of Social Architecture (s. a. Scott: *Kanaka Makua* Karten-Set): P.O.Box 1722, Keaau, Hawai'i 96749;
Telefon: 001 (808) 986–7164 – http://Arcturus.org/KanakaMakua/

Creative Harmonics Institute (Rowena Pattee Kryder): P.O. Box 685, Crestone, CO 81131; T.: 001 (719) 256-4551;
http://creative-harmonics.org

Cross Cultural Shamanism Network: P.O.Box 430, Willits, CA 95490 *(Shaman's Drum)* Telefon: 0044.171.435.8174;

Eagle's Wing: Leo Rutherford, 58 Westbere Rd, London NW2 3RU
Telefon: 0044.171.435.8174; Website: www.shamanism.co.uk

FGF – Fördergemeinschaft zur Gründung einer Friedensuniversität e. V.
Akazienstraße 27, D-10823 Berlin; Telefon: 030-7.8230.77;
Fax: 7.8230.85

Frankfurter Ring e.V.: (Forum für persönliches Wachstum, Gesundheit und Spiritualität) Kobbachstr. 12, D-60433 Frankfurt (Main);
Telefon: 069-51 15 55; Fax: 069-51 22 20;
E-Mail:b.dahlberg@frankfurter-ring.org;
website: www.frankfurter-ring.org

Gamper + Freunde (Netzwerk «Die Neue Zeit – Das Neue Handeln»):
Lichthof, A-6135 Stans 0043-5242-7110.90 / Fax .94;
Website: www.gamper.com/network1.htm

Huna Connections: www.paulwaters.com/links.htm

Institute of Noetic Sciences (Membership Organisation, founded by Edgar Mitchell); 475 Gate Five Road, Suite 300, Sausalito, California 9465;
website: www. cafe.noetic.org/

Orgoville International (Netzwerk und Vale d'Agua Lebensschule, begründet von Michael Plesse und Gabrielle St.Clair): c/o Borghild Schudt, Schützenstraße 20, D-78462 Konstanz, Telefon: 0 77 531-252.20 /
Fax: 252.24 – Website: www. transpersonal.com/orgoville/index.htm

Maya-Connections: www.1spirit.com/alunajoy; und: www.mayamystery.com

Permaculture + Shamanism: Catherine y Tirion, P.O.Box 765, Patagonia, Arizona 85624

Prydwen Institute – Shamanism and Ecology: John M. Perkins; Box 31357, Palm Bch Gardens, Florida 33420, Telefon: 001 (407) 626.5662; www.dreamchange.org

Tachyon-Practitioner Network: c/o ATT Europe, Weidenstraße 7b, D-65527 Niedernhausen Tel. 06127-910.60 / Fax: 910.71; tachyon-karar@t-online.de; http://tachyon-train.com/gerindex.htm

»Tibeter«-Verband (Fünf »Tibeter« – Trainer und Anwender Dachverband): Carlos G. J. Liebetruth, Wilhelmstr. 27, D-80801 München; Telefon 089-348165; Fax: 089-347095; E-Mail: carlos.liebetruth@t-online.de

Vaka Taumako Project: Dr. Mimi George, P.O.Box 2224, Lihu'e, Hawai'i 96766, vaka@aloha.net; www.planet-hawaii.com/vaka; Fax: 001-808-823-6741 (s. auch: http://leahi.kcc.hawaii/edu/org/pvs)

Women of Vision and Action (WOVA): Kontakt in Hawai'i c/o Sara Cash – Kai Mana; E-Mail: K_mana@aloha.net; http://wova.org

Ypsilon Versand (Schichtholz-Bumerangs zum Anfassen – mit Wurfanleitung): Christa Wolf, Sebastian-Jaud-Straße 2, D-82405 Wessobrunn; Telefon: 08809-1270 / Fax: 08809-1242; E-Mail: christawolf@compuserve.com; www.ypsilon-versand.de

Weitere Kontakte auf der Website: **www.alohashaman.com**

Biografisches

BARBARA K. GOLDSMITH
Berufstätige, lebensfrohe Stadtfrau (und «Stadtschamanin») ist als Trainerin und Autorin tätig. Im Tanz zwischen unterschiedlichen Kulturen und deren Weisheiten ist es ihr Ziel, Menschen anzuregen, ihre eigenen Schätze zu entdecken – und dann mit der Kraft dieser Ressourcen die Choreographie ihres Lebens selbst zu gestalten. Im Einklang mit sich, mit anderen und der Natur. Beseelt schreiben – *Writing from the Spirit* – wurde zu ihrem Leitstern. «Was mich selbst begeistert und mein Leben so reich macht, teile ich von Herzen gern.»

Zu ihren inspirierenden Lehrjahren gehören die Zeit in New York – Höhepunkt: die Begegnungen mit Kahana – und die *nlp-Resonanz*®-Trainings an verschiedenen Plätzen in Europa. Barbaras tägliches Leben ist ein Gesamtkunstwerk, das sie und alle ihre Wunder beherbergt: Familie, Freunde, Beruf, Reisen, Besinnung, alte Bäume und neue Visionen.

MANULANI (haw.: *Vogel des Kosmos*) – VOLKER R. KARRER
ist Entdecker *(Die Fünf »Tibeter«; Das Ei des »Boomerang«)*, Ex-Verleger, Autor und Lehrer des angewandten *Huna* und *Aloha Yoga*. Huna ist die Lebenskunst der Schamanen Hawai'is, zu der er vor allem durch Serge Kahili King *(Der Stadt-Schamane, Kahuna Healing)* und die Schamanin Kahana seinen Zugang fand.

Er betrachtet die Reharmonisierung des vitalen Zusammenspiels der «Energiezwillinge» *Liebe* und *Macht* auf allen Ebenen als seine wesentliche Aufgabe («Macht oder *Mana, Power* verstehe ich als das verantwortliche Nützen der gegebenen inneren Kraft in der äußeren Welt – durch *wirken*»). Dabei bezieht seine Arbeit Einzelne, Gruppen und Organisationen wie auch den größeren gesellschaftlichen Kontext mit ein.

Manulani lebt auf Kaua'i, der «Garteninsel» Hawai'is. Seminare in Hawaiianischem Schamanismus, mit *Shapeshifting* und anderen Powertools zur Traum- und Lebenserfüllung («The longer I live, the more beautiful life becomes» [Frank Lloyd Wright]) bietet er ein- bis zweimal jährlich auch in Süddeutschland an.

SILVIA CHRISTOPH

«Berliner Göre», Sängerin, Illustratorin und Kinderbuchautorin. Sie lernte durch Gundl Kutschera und durch die *Silva*-Methode, sich selbst wie auch die Energien ihrer Umgebung in Fluss zu bringen («...was einer Stadt wie Berlin ja nur gut tun kann»). Als Visionärin sieht sie sich mit ihrer facettenreichen Kunst im neuen Jahrtausend noch viele Herzen berühren und öffnen – und damit auch heilend wirken.

Dank

MAHALO – ALOHA
Wir danken für all die Geschenke, Begeisterung,
Anregungen, Klärungen, Segnungen – für all eure *»Boomerangs«*:

Allen aus der Familie von Freunden – auf Kaua'i, aus den Huna- und Resonanz-Trainings, bei ALOHA INTERNATIONAL und ALOHA EUROPE; den Urja-Männern und Mit-Shapeshiftern; Francesca, der lichtvollen Lehrerin

Aean – Aka – Alan – Alexander – Alf – Angela –Auntie Angeline – Anna, Emil – Anthony – Bev – Bill – Brother «IZ» – Carola – Christa – Christel – Christina – Christina, Werner – David – Dietrich – Oma Dine – Dorothy – Don – Elisabeth – Fern, Michael – Flora – Fréderic – Gabriel – Gayan – Gerda – Gloria – Greg – Hanni, Hugo – Harry – Herbert, Petra – Horst – Ileah – Jerry – Jo – Joan – John – José – Jost – Judith – Jutta – Jwala, Karl – Kala – Kate – KeAhi – Ken, Chris – Maria – Markus – Mechtild, Yansa – Manfred – Margarete – Mark – Mischka – Michael, Gabrielle – Nana – Nancy, Scott – Norma – Norma Jean – Olaf – Otto – Paul – Pieter – Pinta – Renald – René – Rita – Rolf – Rosemarie – Ruth – Siegmar – Sondra – Sunny – Susan – Uwe – Wolf – den verschiedenen Wolfgangs – Violetta, Tatschina, Nirvan.
Und – gleichermaßen – euch vielen,
hier nicht namentlich
Genannten.

—

Unser besonderer Dank für euer ALOHA-MANA
beim Mit*wirken* an euch: Bodo – für Weitblick und Vernetzung
Gerhard – für die bewährte sprachliche Begleitung der deutschen Fassung
Daniel – für die Frische des Web-Designs und Realisierung
des ersten Umschlags
Silvia – für die Bildsprache und deine Kunst, sie mit uns und
dem Erzählten auf der Traum/Zeit-Ebene zu verweben
Joachim Desler für ein Stück Weg

—

Ein spezielles MAHALO von Manulani an
Arnold Keyserling, John Lilly, Gurdjieff/DeHartmann und Peter Kelder
für euer je einzigartiges, kühnes Vorbild für das Öffnen
des Siebten Fensters.

Das Geschenk der Schamanin – wenn Sie es mit anderen teilen wollen:

Das Ei des »Boomerang«
finden Sie in jeder Buchhandlung

Deutsche Verlags-Erstausgabe

1. Auflage Frühjahr 2000

Herausgeber: Volker R. Karrer (Manulani)
Teile des Werks aus dem Amerikanischen
von Manulani und Angelika Hansen – Lektorat: Gerhard Juckoff
Original-Illustrationen von Silvia Christoph
Einbandgestaltung: Zembsch' Werkstatt, München
unter Verwendung eines Dias der Bildagentur Premium, Düsseldorf

Ein Teil der Honorare aus diesem Werk wird im Aloha Spirit durch Manulani an Projekte in Polynesien (besonders Hawai'i) weitergegeben, die für die Renaissance der Licht-Weisheit der Inseln und ihre Weiterverbreitung wirken. Mahalo nui loa.